Willnow · Derivative Finanzinstrumente

Joachim Willnow

Derivative Finanzinstrumente

Vom Europäischen zum Exotischen

GABLER

Die Deutsche Bibliothek - CIP-Einheitsaufnahme

Willnow, Joachim:
Derivative Finanzinstrumente : vom Europäischen zum Exotischen / Joachim Willnow.
- Wiesbaden : Gabler, 1996
ISBN 3-409-14173-1

Der Gabler Verlag ist ein Unternehmen der Bertelsmann Fachinformation.

Lektorat: Silke Strauß und Iris Mallmann

Druck und Buchbinder: Lengericher Handelsdruckerei, Lengerich/Westf.
Printed in Germany

ISBN 3-409-14173-1

Inhaltsverzeichnis

1. Einleitung

Nur wenige Dinge verbreiten sich schneller in der Finanzwelt als eine gute Idee. Zu den hervorragenden Ideen im Finanzwesen zählen demnach die zahlreichen Finanzinnovationen in Form sogenannter Derivate. Das explosionsartige Umsatzwachstum börsengehandelter Derivate seit Mitte der achtziger Jahre ist nur ein Indiz hierfür. Eine wachsende Anzahl von neuen Marktteilnehmern zeigt ebenfalls, daß immer mehr Anleger, Portfoliomanager und Unternehmen Derivate als wichtige Instrumente des Risikomanagements betrachten. Sollten die neunziger Jahre sich zum Jahrzehnt der Finanzderivate entwikkeln, wie weithin prophezeit, so geben die folgenden Seiten sicherlich umfassenden Einblick in die Hintergründe.

Dieses Buch ist für neu Interessierte wie für Profis gleichermaßen wertvoll. Eine umfangreiche Einführung erläutert die Grundlagen derivativer Produkte. Damit wird auch für den Laien das Verständnis der darauffolgenden komplexen Ausführungen ermöglicht. Im zweiten Abschnitt werden dann derivative Produkte im Detail erläutert. Dabei werden zu Futures, Optionen und Volatilitäten Laien wie Profis zahlreiche Anregungen finden. Eine Unterscheidung nach Waren-, Aktien- und Zinsderivaten wird nicht getroffen, denn die Märkte für Derivate sind durch dieselben Prinzipien und Produkte vereint. Im dritten Abschnitt werden darauf alle an den weltweiten Märkten verfügbaren exotischen Derivate vorgestellt. Der Weg vom vertrauten Europäischen zum Exotischen wird jedoch in der Weise beschritten, daß Vorkenntnisse von Derivaten nicht notwendig sind. Die Ausführungen zu „Exotics" werden dennoch auch für die meisten Profis neue Anregungen liefern.

Große Bedeutung mißt dieses Buch auch der praktischen Anwendung von Derivaten bei. Im dritten Abschnitt werden deshalb auf praktischen Erfahrungen basierende Einsatzmöglichkeiten gezeigt, wie auch theoretische Strategien auf ihre Praktikabilität untersucht. Entsprechend werden mathematische Betrachtungen in diesem Werk auf ein erforderliches Minimum reduziert.

1.1 Derivative Märkte und Marktteilnehmer

Allen Derivaten gemeinsam ist, entsprechend der lateinischen Herkunft des Wortes, daß sie von anderen Produkten abgeleitet sind. Während in der Chemie, der Biologie und der Sprachforschung dem Terminus Derivat seit langer Zeit eine feste Bedeutung zugeordnet werden kann, sind Derivate in den Finanzmärkten noch eine vergleichsweise junge Spezies.

Als Finanzderivate dürfen Produkte gelten, die Rechte und Pflichten an Finanzinstrumenten in einer Weise kombinieren, wie sie durch die klassischen Wertpapier-, Devisen- und Geldmarktgeschäfte nicht entstehen können. Sie sind somit von Wertpapieren, Devisen, Zinssätzen oder auch von physischen Waren wie zum Beispiel Gold abgeleitet. Das dabei den Derivaten zugrundeliegende Objekt wird als Underlying bezeichnet. Einer der wesentlichsten Unterschiede zwischen Derivat und Underlying ist die Art der Erfüllung der Vertragsverpflichtung, die der Handel mit dem jeweiligen Instrument mit sich bringt. Der Handel im Underlying ist in aller Regel eine Kassamarkttransaktion, das heißt ein Vertrag, der auch umgehend durch Lieferung des Vertragsgegenstandes erfüllt wird. Beim Handel mit Derivaten dagegen werden Termingeschäfte abgeschlossen, die zu einem zukünftigen Zeitpunkt beliefert werden. Somit ist auch die Lebensdauer eines Derivates, die sogenannte Laufzeit, immer begrenzt.

Termingeschäfte an sich stellen zunächst keine bahnbrechende Entwicklung der Neuzeit dar. Bereits im antiken Griechenland wurde die Olivenernte auf einen späteren Termin zu einem vorher festgelegten Preis verkauft. Im 17. Jahrhundert wurde dann organisierter Warenterminhandel in den Niederlanden betrieben und im frühen 18. Jahrhundert gab es in Japan einen anerkannten Terminmarkt. An der heute größten Warenterminbörse der Welt, dem Chicago Board of Trade, wurde im März 1851 das erste Termingeschäft abgeschlossen.

Weshalb sind also Finanzderivate erst seit Beginn dieses Jahrzehnts in der Finanzwelt in aller Munde? Hieran sind zwei Entwicklungen wesentlich beteiligt:

Zum einen gelang ein erster Durchbruch für Termingeschäfte auf börsengehandelte Finanzinstrumente erst mit der Aufnahme des Aktienoptionshandels in den USA im Jahre 1973. Dem folgten der Handel in London 1982 und in der Bundesrepublik erst im Januar 1990. Somit wurde im Vergleich zum Warentermingeschäft der Handel mit Finanztermingeschäften erst deutlich später aufgenommen. Das gehandelte Volumen hat dann aber innerhalb kürzester Zeit das Volumen der Warenterminmärkte übertroffen. Heute übertrifft das Volumen der gehandelten Finanzderivate oft auch die im jeweiligen Underlying gehandelten Volumina. Dies führte zu starker Beachtung durch die Marktteilnehmer an den weltweiten Finanzmärkten.

Die zweite wesentliche Entwicklung war und ist die weiter zunehmende mathematische und wirtschaftliche Komplexität der Derivate. So sind die Eigenschaften vieler neuer Derivate meist nicht auf den ersten Blick nachzuvollziehen. Dies trägt ebenfalls zu verstärktem Interesse und zu einer teilweisen Mystifizierung der Produkte bei.

Die starke Beachtung, die Derivate in den letzten Jahren erfahren haben, gilt dabei sowohl den an organisierten Börsen gehandelten Futures und Optionen als auch den individuell zwischen Vertragsparteien vereinbarten Over-the-Counter (OTC)-Derivaten. Diese beiden unterschiedlichen Organisationsformen des Handels mit Derivaten sind immer wieder Anlaß zahlreicher kontroverser Diskussionen und sollen deshalb hier kurz skizziert werden.

1.1.1 Börsenhandel und Over-the-Counter-Handel

Die beiden Handelsformen können durch zwei wesentliche Unterscheidungen voneinander abgegrenzt werden.

Derivate sind – wie auch Wertpapiergeschäfte – Verträge oder Kontrakte zwischen Marktteilnehmern. Bei börsengehandelten Derivaten sind diese Verträge standardisiert, wodurch sie ohne Vertragsverhandlung schnell und jedem Marktteilnehmer zugänglich gehandelt werden können. Diese Standardisierung führt in aller Regel zu größerer Liquidität und Markttransparenz. Andererseits werden die individuellen Bedürfnisse der Marktteilnehmer nicht berücksichtigt. So ist zum Beispiel bis auf eine innovative Option an den Chicagoer Börsen die Laufzeit börsengehandelter Optionen und Futures immer standardisiert. Ein Termingeschäft auf einen anderen als den von der Börse festgelegten Zeitpunkt abzuschließen ist also nicht möglich.

Im Over-the-Counter-Handel (OTC-Handel) dagegen sind Verträge und damit die Eigenschaften der Derivate frei verhandelbar. Sie werden zwischen den Marktteilnehmern nach individuellen Präferenzen abgeschlossen. Ein Termingeschäft kann dann in jeder Größenordnung auf jeden erwünschten Zeitpunkt abgeschlossen werden. Erwähnt werden sollte dabei allerdings, daß durch den Abschluß mehrerer börsengehandelter Termingeschäfte oder durch vorherige Schließung eines Geschäfts versucht werden kann, ein Termingeschäft auf einen individuell gewünschten Zeitpunkt zu duplizieren.

Der zweite wesentliche Unterschied zwischen OTC-Handel und Börsenhandel in Derivaten ist die juristische Form des Vertragsabschlusses. Beim OTC-Handel ist der Handelspartner auch juristischer Kontraktpartner. Ist einer der Kontrahenten bei Fälligkeit des Kontraktes nicht mehr in der Lage, seine Verpflichtungen zu erfüllen, kann dies einen bedeutenden wirtschaftlichen Verlust für den anderen Kontrahenten bedeuten. Somit ist im OTC-Handel die gegenseitige Kreditwürdigkeit unabläßliche Bedingung.

Beim Börsenhandel dagegen ist nicht der Handelspartner juristischer Kontraktpartner sondern die Börse selbst oder deren Abwicklungsstelle, das sogenannte Clearinghouse. So wird zwar an der Börse ein Geschäft zwischen zwei Börsenmitgliedern abgeschlossen, rechtlich wird jedoch in einem Novation genannten Prozeß dieses eine Geschäft in zwei Verträge umgewandelt. Jeder der beiden Marktteilnehmer schließt also juristisch einen Vertrag mit Börse oder Clearinghouse. Für die Erfüllung der Verpflichtungen haftet dann die Börse mit einem Sicherungsfonds, die Kreditwürdigkeit des Handelspartners ist nicht von Bedeutung.

Darüber hinaus wird der Handel von Derivaten an organisierten Börsen selbst noch einmal in zwei Formen umgesetzt: Während jüngere Börsen, wie die Deutsche Terminbörse (DTB), den Handel ausschließlich über Computerterminals abwickeln, wird an der Mehrzahl der Börsen noch das Open Outcry System praktiziert. Dabei treffen sich Börsenmitglieder in einem Handelsraum der Börse zum Handel, wogegen bei der DTB eine lokale Präsenz der Börsenmitglieder nicht erforderlich ist. Der Bildschirmhandel bietet zudem ein genaueres Reporting der Transaktionen und Volumina und ist zudem anonymer. Er kommt damit der Idealvorstellung eines effizienten Marktes etwas näher als das Open Outcry System. Da sich letzteres aber über lange

Jahre hinweg bewährt hat, werden sicherlich beide Systeme in der Zukunft weiterhin praktiziert.

Eine Auflistung der Terminbörsen rund um den Globus und der an diesen Börsen gehandelten Produkte und Marktteilnehmer erfolgt hier nicht, zumal bereits Werke erschienen sind, die sich ausschließlich dieser Thematik widmen. Festzuhalten bleibt aber, daß durch die Standardisierung die an den Börsen gehandelten Produkte den Anlegern oftmals vertrauter sind. Dies zeigt sich auch in der Bezeichnung der börsengehandelten Optionen, die als Europäische und Amerikanische Optionen bekannt sind. Im OTC-Handel werden neben diesen Optionen die komplexeren Produkte gehandelt, wie die sogenannten Exotischen Optionen. „Vom Europäischen zum Exotischen" beschreibt den Weg vom börsengehandelten Derivat zum OTC-Handel wie auch vom Einfacheren zum Komplexen.

1.1.2 Marktteilnehmer

Derivate werden von einem immer breiteren Spektrum von Anwendern genutzt. So zählen Staaten und supranationale Institutionen, Banken, Versicherungen, Pensionskassen, Investmentfonds und Privatpersonen zu den regelmäßigen Marktteilnehmern. Diese Vielzahl von Nutzern kann nach verschiedenen Kriterien klassifiziert werden. Kriterien, wie die Erfahrung mit Derivaten, die Mitgliedschaft an Terminbörsen oder Präferenzen für bestimmte Handelsformen, führen zu einer Unterteilung in immer wechselnde Gruppen. Dies ist leicht verständlich, da einzelne Institutionen Derivate zu verschiedenen Zwecken und Zeitpunkten nutzen, so zum Beispiel zur Kapitalbeschaffung wie auch zur Kapitalanlage. Am sinnvollsten ist es deshalb, Marktteilnehmer, die Derivate aus identischer Motivation nutzen, zu einer Gruppe zusammenzufassen. So unterscheidet man gängigerweise in Spekulanten, Arbitrageure und Risikomanager. Diese können durch ihre Zielvorstellungen charakterisiert werden.

1.2 Ziele der Marktteilnehmer

Als primäres Ziel jedes Marktteilnehmers an den Finanzmärkten könnte gemeinhin das ökonomische Prinzip der Gewinnmaximierung angenommen werden. Während dies für Spekulanten und Arbitrageure sicherlich zutreffen mag, nehmen insbesondere Risikomanager aus anderen Beweggründen am Handel mit Derivaten teil. In den folgenden Ausführungen werden deshalb die charakteristischen Transaktionsmotive dieser drei Gruppen näher aufgezeigt.

1.2.1 Spekulation

Spekulation ist im wirtschaftlichen Sinne ein Geschäftsabschluß, der auf Gewinne aus zukünftigen Preisveränderungen abzielt. Während Börsenspekulation klassischerweise durch Kauf und späteren Verkauf eines Wertpapiers oder einer Ware erfolgt, eröffnen Derivate den Spekulanten ein Spektrum neuer Möglichkeiten.

Derivate bieten nicht nur die Möglichkeit, auf steigende oder fallende Kurse zu spekulieren, sondern auch auf die Stärke von Kursbewegungen innerhalb einer bestimmten Zeitspanne. So erzielen verschiedene Strategien Spekulationsgewinne, wenn zukünftige Kursbewegungen stärker als die aktuellen Kursveränderungen sind. Bei diesen Strategien profitiert der Spekulant von steigender Volatilität. Natürlich sind Spekulationen auf abnehmende Volatilität ebenso möglich. In dieser reinen Volatilitätsspekulation engagieren sich bislang größtenteils professionelle Marktteilnehmer und Institutionen.

Von Privatpersonen dagegen werden Derivate insbesondere wegen ihrer sogenannten Hebelwirkung, auch „gearing“ oder „leverage“ genannt, als Spekulationsinstrument genutzt. „Gehebelt“ wird dabei der für die Spekulation zur Verfügung stehende Geldbetrag, so daß bei einem Eintreten der Erwartung der Spekulationsgewinn ein Vielfaches des Gewinnes beträgt, den der Spekulant durch eine einfache Spekulation im Underlying erzielt hätte. Derivate bewirken hier jedoch keine Wunder. Die Hebelwirkung geht oft einher mit höherem Verlustrisiko. Dies gilt zum Beispiel für Futures und wird im Abschnitt 2.1 näher erläutert.

Die Hebelwirkung kann aber auch ohne ein höheres absolutes Verlustrisiko erreicht werden. Dann ist der „Preis“ für die Hebelwirkung nicht das höhere Verlustrisiko, sondern eine geringere mathematische Wahrscheinlichkeit, einen Gewinn zu erzielen. Dies soll kurz am *Beispiel* eines Optionsgeschäftes erläutert werden: Der Käufer einer Option riskiert wie auch der Spekulant im Underlying den Verlust des eingesetzten Kapitals. Um von einem Kursanstieg des Underlying in gleichem Maße zu profitieren, muß der Optionskäufer nur die Optionsprämie aufwenden, die einen Bruchteil dessen ausmacht, was der Käufer des Underlying investiert. Somit setzt der Optionskäufer weniger Kapital ein, um an einem Preisanstieg zu partizipieren, erzielt also eine Hebelwirkung. Diese wird im Abschnitt 2.3 genauer quantifiziert.

Zugleich erzielt der Käufer der Option eine Hebelwirkung ohne ein größeres absolutes Verlustrisiko, denn sein maximaler Verlust entspricht dem für die Prämie eingesetzten Kapital. Da die Laufzeit der Option begrenzt ist, ist für den Optionsspekulanten jedoch wichtig, daß seine Erwartung innerhalb dieser Laufzeit eintrifft. Trifft die Erwartung erst nach Verfall der Option ein, profitiert – im Gegensatz zum Käufer des Underlying – der Optionskäufer nicht mehr. Für den Spekulanten im Underlying ist es dagegen von geringerer Bedeutung, wann seine Erwartung eintrifft. Der Optionskäufer kann also mit demselben Spekulationseinsatz höhere Spekulationsgewinne erzielen, als der Spekulant im Underlying, benötigt dafür jedoch das Eintreffen seiner Erwartung innerhalb einer bestimmten Zeit. Diese zeitliche Limitierung vermindert aber die Wahrscheinlichkeit des Eintreffens der Erwartung. Somit ist die Wahrscheinlichkeit, einen Gewinn zu erzielen, ebenfalls vermindert. Der Preis der Hebelwirkung ist also die geringere Wahrscheinlichkeit eines Gewinnes.

1.2.2 Arbitrage

An effizienten Kapitalmärkten ist per Definition für ein und dasselbe Wirtschaftsgut zu jedem Zeitpunkt ein einheitlicher Preis erzielbar. In der Praxis jedoch werden zum Beispiel identische Wertpapiere, die an mehreren lokalen Börsen notiert sind, oft zum selben Zeitpunkt zu unterschiedlichen Kursen gehandelt. Dann kann ein theoretisch risikofreier Gewinn durch Kauf des Gutes an einer Börse und gleichzeitigem Verkauf des Gutes an einer anderen Börse erzielt werden. Dieser Prozeß, dessen Durchführung die Preisdifferenzen ausgleicht, wird als Arbitrage bezeichnet. Der Arbitrageur wird durch Kauf des Gutes zum günstigen Preis an der Börse X den Preis des Gutes an der Börse X stützen. Zugleich wird durch seinen Verkauf an der Börse Y der Preis an der Börse Y gedrückt. Somit nähern sich die beiden Preise an. Theoretisch wird die Arbitrage so lange durchgeführt, wie risikofreie Gewinne erzielt werden können, also bis zur Feststellung identischer Preise und den beiden Börsen. Entsprechend dem Wortstamm nimmt der Arbitrageur eine schiedsrichterliche Funktion wahr.

Arbitrage beruht einfach formuliert darauf, daß es verschiedene Wege gibt, dieselbe Sache zu tun. Neben dem oben dargestellten Kauf desselben Instrumentes an verschiedenen Börsenplätzen kann Arbitrage auch zwischen unterschiedlichen Instrumenten stattfinden. Da Derivate vom Underlying abgeleitet sind, können sie, wie in Abschnitt 2 an Beispielen aufgezeigt wird, auch durch Handel des Underlying dupliziert werden. Duplikation bedeutet hier, die Eigenschaften des Underlying werden durch Kombinationen der Derivate identisch kopiert. Im wirtschaftlichen Sinne werden somit unterschiedliche Instrumente zu identischen Gütern. Werden diese identischen Güter zu verschiedenen Preisen gehandelt, können wiederum Gewinne durch Arbitrage erzielt werden. Diese Form der Arbitrage ist mathematisch und handelstechnisch komplexer. Sie kann in der Praxis deshalb häufiger gewinnbringend durchgeführt werden, denn die Arbitragemöglichkeit ist nicht von allen Marktteilnehmern ohne umfangreichen technischen Aufwand zu erkennen.

Wodurch aber bestehen Chancen zur Arbitrage, also wie entstehen Preisungleichheiten?

Zum einen dadurch, daß entgegen den Voraussetzungen für einen effizienten Markt, die preisbildenden Informationen nicht allen Teilnehmern gleichzeitig zur Verfügung stehen.

Zum anderen tragen Präferenzen der Marktteilnehmer für bestimmte Instrumente zu diesen Ungleichgewichten bei. Ein kursbeeinflussender Verkaufsauftrag im Underlying führt sofort zu fallenden Kursen im Underlying, nicht notwendigerweise aber in einem darauf gehandelten Futureskontrakt. Für den Auftraggeber wäre es dann wirtschaftlich sinnvoll, Verkäufe von Futures vorzunehmen, anstatt den Auftrag im Underlying fortführen zu lassen. Dem stehen jedoch oft Präferenzen entgegen, die auf rechtlichen Beschränkungen, Steuerregelungen oder nicht wirtschaftlich begründbaren Interessen beruhen. Somit ergeben sich Preisungleichgewichte zwischen Derivat und Underlying, die im obigen Fall durch Kauf des Underlying und gleichzeitigen Verkauf der Futures von Arbitrageuren ausgenutzt werden können.

Insbesondere die steuerlichen Präferenzen für bestimmte Instrumente sind weltweit stark ausgeprägt. Sie haben dazu geführt, daß Arbitragechancen in der Vergangenheit systematisch ausgenutzt wurden und eine neue Art der Arbitrage, die sogenannte Tax-Arbitrage, entwikkelt wurde. Diese basiert auf unterschiedlicher Besteuerung gleicher Einkünfte in verschiedenen Ländern. Dabei wurden Derivate so eingesetzt, daß ein günstig besteuerter Marktteilnehmer ein Underlying und damit die Steuerpflicht erwirbt, und der Veräußerer des Underlying zugleich Derivate erwirbt, die ihm dieselben Risiken und Chancen erhalten. Diese Derivate kann der Veräußerer des Underlying oft günstiger vom Käufer des Underlying erwerben, da dieser einen Teil seines Steuervorteils über den Preis der Derivate weitergeben kann. Derartige Systeme arbitrieren also keine Marktpreise, sondern Besteuerungssysteme. Diese Arbitragemöglichkeiten sind oft kurzfristiger Natur, da die betroffene Finanzbehörde ein vitales Interesse daran haben wird, entsprechende Steuerregelungen zu ändern. Hier sind Derivate also Katalysator zur Angleichung der Steuersysteme verschiedener Länder.

1.2.3 Risikosteuerung

Derivate entstanden aus dem Bedarf nach Absicherung von Risiken. Entsprechend entfällt auf die Risikosteuerung auch heute noch ein großer Teil des in Derivaten gehandelten Volumens. Läßt man den Interbankenhandel außer acht und betrachtet nur die von sogenannten End-Usern getätigten Swap-Geschäfte, so dienen 70 bis 80 Prozent dieser Transaktionen der Risikosteuerung. Der Steuerung jedoch geht die Erfassung und Quantifizierung von Risiken voraus, die durch die Vielzahl potentieller ökonomischer Risiken oft logisch und mathematisch komplex ist. Die Erfassung und Analyse von Risiken wird durch eine genaue Definition des Risikobegriffs und potentieller Risikoarten erleichtert.

Risiko ist die Gefahr, bei der Wahl zwischen mehreren Alternativen diejenige zu wählen, die eine Zielerreichung negativ beeinflußt. Das Ziel einer Finanzinvestition ist meist ein bestimmter Ertrag. Kann dieser bei einer Anlagealternative mit Sicherheit erzielt werden, ist also kein Risiko mit der Investition verbunden, wird der Ertrag unabhängig von der Veränderung bestimmter Einflußgrößen erzielt. Der Erfolg einer risikobehafteten Investition ist im Umkehrschluß von der Veränderung dieser Einflußgrößen, also künftigen Umweltzuständen, abhängig. Sind Erträge einzelner Investitionen abhängig von zukünftigen Umweltzuständen, kann ein Investor diesen objektive oder subjektive Wahrscheinlichkeiten zuordnen.

Das Risiko einer Finanzinvestition kann dann als Wahrscheinlichkeitsverteilung ihres Ertrages definiert werden.

Hierzu ein kurzes *Beispiel*:

Der Ertrag einer risikofreien Investition betrage 5 Prozent per annum. Ein Investor erwirbt ein Aktienportfolio, dem er dieselben zukünftigen Ertragswahrscheinlichkeiten zuordnet, die das Portfolio in den vorangegangenen fünf Jahren aufwies. Diese historische Wahrscheinlichkeit weist folgende Verteilung der Erträge auf:

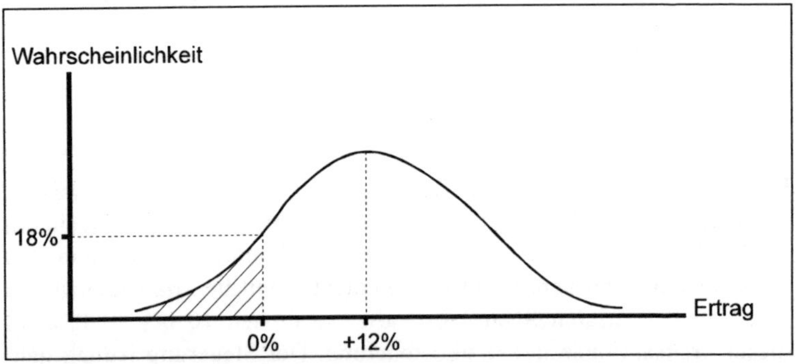

Abbildung 1: Wahrscheinlichkeitsverteilung von Erträgen

Das Portfolio wird also mit der höchsten Wahrscheinlichkeit einen Ertrag von +12 Prozent erzielen. Das Risiko der Investition kann analog dieser Verteilung quantifiziert werden. Die Wahrscheinlichkeit, 0 Prozent zu erzielen, beträgt für dieses Portfolio zum Beispiel 18 Prozent. Die Wahrscheinlichkeitsverteilung definiert also das Risiko der Investition an jedem Punkt. Der Investor kann nun anhand der Verteilung die Risiken beurteilen. Einem absoluten Verlust, also einem negativen Ertrag, kann er ebenso eine Wahrscheinlichkeit beimessen, wie auch dem Risiko, einen geringeren Ertrag zu erzielen, als mit einer risikofreien Anlage.

Im obigen Beispiel hat der Investor den Portfolioerträgen keine subjektiven Wahrscheinlichkeiten zugeordnet, er hat sich vielmehr auf historische Betrachtungen verlassen. Eine Risikoquantifizierung auf dieser Grundlage birgt immer die Gefahr, daß die im Investitionszeitraum tatsächlich erzielbaren Erträge von den historisch erzielten Erträgen abweichen. Dennoch sind historische Wahrscheinlichkeitsverteilungen auch in der Praxis die am häufigsten angewandte Methode zur Risikoermittlung. Dies basiert auf der von Professor Sharpe begründeten Modern Portfolio Theory (MPT). Die MPT sieht Erträge eines Portfolios als Zufallsvariable und geht entsprechend davon aus, daß Kursveränderungen in etwa der statistischen Standardverteilung entsprechen. Diese Normalverteilung liefert eine Hilfestellung in der Beurteilung der Ertragswahrscheinlichkeiten in effizienten Märkten. Sie wird charakterisiert durch einen Mittelwert, der im obigen Beispiel bei 12 Prozent liegt, und die Streuungsbreite der Erträge. Diese Streuungsbreite wird in der Statistik als Varianz oder Standardabweichung bezeichnet.

Die vorausgegangene Quantifizierung beschränkte sich auf Marktrisiken einer Investition. Wirtschaftliche Risiken umfassen zusätzlich auch Risiken, die bei der Finanzierung von Unternehmen dieser Finanzinstitute entstehen. Da diese ebenfalls Marktrisiken darstellen, also von Marktschwankungen abhängen, können sie in ähnlicher Weise quantifiziert und mit Derivaten abgesichert werden.

Grundsätzlich von Marktrisiken zu unterscheiden sind Kreditrisiken, die bei jeder Wirtschaftstransaktion entstehen, deren Verpflichtungen nicht beiderseitig sofort erfüllt werden. Die Beurteilung dieser Bonitätsrisiken wurde durch große Ratingagenturen wie Moody's, Standardal Poor's und IBCA standardisiert und ist darüber hinaus wesentlicher Bestandteil des klassischen Bankgeschäftes.

Eine Quantifizierung dieser Risiken kann bislang nur durch die allgemein anerkannten Ratings der Agenturen annähernd erfolgen. Entsprechend sind diese Risiken nicht ohne weiteres durch Derivate abzusichern, obgleich einige Investmentbanken mit Credit Derivatives in der Vergangenheit erfolgreich am Markt aufgetreten sind. Der Absicherungsbedarf ist hier theoretisch, ähnlich dem für Umweltrisiken, enorm. Insbesondere sind die Märkte im Bereich der originär wirtschaftlichen Risiken nicht für Derivate noch in einem vergleichsweise prähistorischen Entwicklungsstadium. Die Absicherung der Risiken ist, wenn überhaupt, nur bei klassischen Rückversicherungsgesellschaften möglich.

Nach dieser Einführung in die Risikotheorie bleibt aufzuzeigen, wie Derivate zur Risikosteuerung eingesetzt werden. Hierfür ist eine grundlegende Kenntnis zur Verfügung stehender Derivate erforderlich.

1.3 Formen derivativer Produkte

Ziel dieses Werkes ist, dem Leser alle aktuell im Markt gehandelten Derivate näherzubringen. Aufgrund der hohen Innovationsgeschwindigkeit ist die wesentliche Voraussetzung zum Verständnis und sinnvollen Einsatz der Produkte die Kenntnis der grundlegenden Formen derivativer Produkte. Alle exotischen, strukturierten und maßgeschneiderten Derivate sind letztendlich nur Weiterentwicklungen, die auf denselben logischen und mathematischen Prinzipien beruhen. Die Grundformen der Derivate werden deshalb nun beschrieben. Dies erleichtert das Verständnis der im zweiten Abschnitt erfolgenden detaillierten Beschreibung der Derivate mit all ihren Variationen.

1.3.1 Futures

Futures sind die älteste Form börsengehandelter Derivate und wurden zunächst auf Agrarprodukte zum Beispiel am Chicago Board of Trade gehandelt.

Financial Futures dagegen wurden erst seit 1972 an den Börsen gehandelt. Der Bedarf für Financial Futures wurde durch die Chicago Mercantile Exchange zu Anfang der siebziger Jahre schnell erkannt, nachdem durch das Scheitern des Bretton-Woods-Abkommens die Volatilität am Devisenmarkt drastisch von 2,8 Prozent auf 9 Prozent jährlich gestiegen war.

Financial Futures wurden seither auf Währungen, Aktien und Aktienindices, festverzinsliche Wertpapiere und Geldmarktinstrumente an verschiedenen Börsen eingeführt.

Ein Futureskontrakt ist eine rechtlich verbindliche Vereinbarung zweier Parteien zu einem sofort vereinbarten Preis eine standardisierte Menge und Qualität eines Underlying an einem zukünftigen Termin zu kaufen oder zu verkaufen. Ein Futureskontrakt legt also mit einfachen Worten die Konditionen einer zukünftigen Transaktion zum gegenwärtigen Zeitpunkt fest. Um die Erfüllung dieses Termingeschäftes zu garantieren, muß jede der Parteien bei der Clearing-Stelle der Börse eine Sicherheit in Form Geld oder Wertpapieren hinterlegen. Diese sogenannte Margin beschränkt das Risiko des Clearinghauses, das an den meisten Börsen rechtlich Kontraktpartner ist und gegenüber jeder Partei die Erfüllung des Kontraktes garantiert.

Das Risikoprofil der Futurestransaktion entspricht dem einer Kassatransaktion. Der Käufer der Futures profitiert von einem Kursanstieg und trägt das Risiko, daß das Underlying am Fälligkeitstag des Futures bei Null notiert. Futures weisen somit nur zwei wesentliche Unterschiede zum Kassamarkt auf. Zum einen müssen Transaktionen nicht sofort beglichen werden und die erforderliche Sicherheitsleistung beträgt nur einen Bruchteil des Kontraktwertes. Eine Hinterlegung von 30.000 DM bei der Deutschen Terminbörse genügt so zum Beispiel, um Aktien im Gegenwert von 200.000 DM auf Termin zu erwerben. Somit kann ein Leverage-Effekt erzielt werden. Zum anderen können Futures unproblematisch auch „short" verkauft werden, das heißt das Underlying wird auf Termin verkauft. Dieser Verkauf erfolgt ohne das Underlying zu besitzen, wodurch ein Spekulant an einem Preisverfall profitieren kann. Dabei verkauft er Futures zum heutigen höheren Preis und erwirbt das Underlying erst am Fälligkeitstag zu einem niedrigeren Preis, um es sofort weiter zu veräußern. Alternativ ist auch das Schließen der Futures-Position durch Rückkauf der verkauften Futures jederzeit möglich.

1.3.2 Swaps

Swaps sind neben Futures die Derivate, die das größte Handelsvolumen auf sich vereinen. Der weltweite Swapmarkt, der 1981 durch einen bedeutenden Währungsswap zwischen IBM und der Weltbank seinen wesentlichen Impuls erhielt, umfaßte 1993 ein Volumen von etwa 4.000 Milliarden DM. Währungsswaps und Zinsswaps nehmen dabei den größten Anteil ein.

Swaps sind generell bindende Vereinbarungen zwischen zwei Parteien, periodisch während der Laufzeit des Swaps unterschiedliche Zahlungen auszutauschen. Die Zahlungen finden an vorher vereinbarten Zeitpunkten statt und basieren auf dem Nominalvolumen des Swaps. Dabei wird bei einfachen Swaps zu keinem Zeitpunkt das Nominalvolumen ausgetauscht.

Bei einem Zinsswap tauscht in der Regel eine Partei einen bei Abschluß des Swaps festgelegten Festzinssatz gegen den zum jeweiligen Zahlungsdatum geltenden Geldmarktsatz. Damit kann zum Beispiel ein in festverzinslichen Wertpapieren investierender Portfoliomanager die Coupons seiner Papiere gegen die zukünftigen Geldmarktsätze tauschen und damit ein festverzinsliches Wertpapier de facto in eine Floating Rate Note swappen. Im Unterschied zu Futures findet keine Abrechnung oder Austausch des Underlyings bei Fälligkeit der Swaps statt. Wiederum entspricht bei Standardswaps das Risikoprofil dem der Futures oder des Kassainvestments. Das Risikoprofil ist symmetrisch, das heißt für beide Swapparteien sind Risiken und Chancen unbegrenzt, beziehungsweise gleichermaßen begrenzt. Diese Systematik wird nur bei Optionen durchbrochen.

1.3.3 Optionen und Optionsscheine

Durch ihre Risikocharakteristik waren Optionen die bahnbrechendste Entwicklung bei Derivaten. Während bei den bisher aufgezeigten Derivaten Chancen und Risiken für beide Parteien gleich verteilt waren, ist für den Käufer einer Option das Risiko immer beschränkt. Dies beruht darauf, daß der Käufer eines Optionskontraktes lediglich ein Recht erwirbt, aber keine Verpflichtung eingeht. Beinhalten Futureskontrakte zum Beispiel Recht und Pflicht der Vertragserfüllung am Fälligkeitstag, so ist es bei Optionen ein Wahlrecht des Käufers, auf Vertragserfüllung zu bestehen.

Grundsätzlich unterschieden wird zwischen Kauf-Optionen (Call) und Verkaufs-Optionen (Put). Eine Call-Option gibt dem Käufer das

Recht, eine festgelegte Menge eines bestimmten Underlyings in der Zukunft zu einem gegenwärtig festgelegten Preis zu erwerben. Kann er dieses Recht nur am Fälligkeitstag der Option ausüben, bezeichnet man die Option als Europäische Option. Kann der Käufer das Underlying jederzeit erwerben, also die Option jederzeit ausüben, spricht man von einer Amerikanischen Option. Der festgelegte Preis wird Basispreis oder Strike Price genannt.

Eine Put-Option gibt dem Käufer der Option das Recht, eine festgelegte Menge eines bestimmten Underlying in der Zukunft zu einem gegenwärtig festgelegten Preis zu veräußern. Auch hier wird in Europäische und Amerikanische Optionen unterschieden.

Optionen werden auf alle Arten von Financial Assets wie auch auf Waren gehandelt. Ferner sind in den letzten Jahren Optionen auf Futures, Optionen auf Swaps und auch Optionen auf Optionen selbstverständliche Bestandteile der Finanzmärkte geworden. Zudem sind Optionen diejenigen Derivate, denen die stärkste Innovationsgeschwindigkeit immanent ist, das heißt die am häufigsten weiterentwickelt werden. Im zweiten Abschnitt wird hierauf besonderer Wert gelegt.

Optionsscheine oder Warrants weisen dieselben Risikocharakteristika auf, die auch bei Optionen feststellbar sind. Warrants sind oft mit längeren Laufzeiten ausgestattet als Optionen und zum größten Teil an Börsen notiert, wogegen der Over-the-Counter-Handel mit Optionen einen sehr wesentlichen Prozentanteil des Optionshandels ausmacht. Optionsscheine werden zum einen von Investmentbanken emittiert und dann als Covered Warrants bezeichnet. Sinn dieses Vorgehens ist es, die Optionsscheine einem breiten Publikum zugänglich zu machen. Von diesem Vorteil abgesehen, unterscheiden sich die Transaktionen jedoch nur noch durch die Art der Börsennotierung von Optionsgeschäften: Warrants werden meist an Aktienbörsen notiert, Optionen werden dagegen an Terminbörsen oder OTC gehandelt. Zum anderen werden Warrants, und dies beschränkt sich auf Aktienoptionsscheine, durch kapitalsuchende Unternehmen emittiert, in der Regel im Rahmen einer Emission einer Optionsanleihe oder zusammen mit einer Aktienemission. Hier besteht der wirtschaftlicher Unterschied zu einem Optionsgeschäft meist darin, daß ein Ausüben der Optionsscheine zu einer Begebung von Aktien durch das Unternehmen führt, so daß eine bedingte Kapitalerhöhung den Warrants immanent ist.

Optionen sind oft Bestandteil komplexerer Finanztransaktionen. Sind diese Transaktionen bewußt auf Bedürfnisse von Anlegern oder Kapitalsuchenden zugeschnitten, spricht man von Strukturierten Produkten oder Structured Products.

1.3.4 Structured Products

Strukturierte Produkte sind mathematisch komplexere Strukturen als die bislang dargestellten Derivate beziehungsweise verbinden verschiedene Derivate zu einem Produkt, das auf spezifische Einschätzungen oder Bedürfnisse zugeschnitten ist. Durch diese Individualisierung ist die Anzahl der in den Finanzmärkten getätigten Transaktionen zum einen nicht nachvollziehbar und zum anderen theoretisch nahezu unendlich. Dennoch haben sich einige Produkte herauskristallisiert, deren Charakteristika von mehreren Nachfragern ähnlich positiv gesehen wurden und die entsprechend von mehreren Investmentbanken angeboten wurden. Diese Strukturen haben somit repräsentativen Charakter und sollen hier im Rahmen von Absicherungsstrategien vorgestellt werden. Zum Verständnis dieser Strukturen ist zunächst etwas mehr Expertise in den einzelnen Derivaten erforderlich.

2. Anatomie derivativer Produkte – Europäisches und Exotisches im Detail

2.1 Futures

Wie in Abschnitt 1.3.1 bereits aufgezeigt, entspricht das Risikoprofil einer Futurestransaktion dem eines Kassageschäftes. Futures gehören deshalb zu den am einfachsten verständlichen und meist genutzten Derivaten. Viele der komplexeren Derivate verdanken ihre Existenz der Möglichkeit, Risiken über Futures letztlich an andere Marktteilnehmer zu transferieren. Eine detaillierte Betrachtung der Futuresmärkte muß somit Bestandteil jeden Interesses an Derivaten sein.

2.1.1 Kontraktspezifikationen

Die einfache Definition von Futures im ersten Abschnitt hat gezeigt, daß Futures standardisierte Derivate sind, bei denen die Handelspartner an einer Terminbörse nur den Preis und die Anzahl der Kontrakte bei Handelsabschluß vereinbaren müssen. Der rechtlich damit vereinbarte Vertrag umfaßt dann die für alle Marktteilnehmer gültigen Kontraktspezifikationen. Der Handel kann somit erheblich schneller erfolgen und die Kontrakte sind zwischen verschiedenen Marktteilnehmern handelbar, da die Futures immer identische Eigenschaften aufweisen. An allen Terminbörsen der Welt legen Kontraktspezifikationen, gleichgültig ob für Financial Futures oder Futures auf Rohstoffe, dieselben grundsätzlichen Eigenschaften eines Kontraktes fest:

Kontraktgröße: Die Kontraktgröße oder der Kontraktwert eines Futureskontraktes ergibt sich aus der Multiplikation des Preises, zu dem zwei Parteien die Transaktion vereinbaren, mit einem Faktor, der den rechnerischen Preis in eine in Geld meßbare Größe umwandelt. An der Deutschen Terminbörse beträgt so zum Beispiel der Faktor des

Futures auf den Deutschen Aktienindex DAX 100 DM. Vereinbaren also zwei Parteien den Handel eines DAX-Futures zu einem Preis von 2.100 Indexpunkten, beträgt der Kontraktwert 210.000 DM. Dieser Faktor wird auch Kontraktmultiplikator genannt.

Tick Size: Die Preisänderungen eines Futures vollziehen sich in von den Börsen vorgegebenen Mindestschwankungen. Diese Minimum-Preisänderungen werden üblicherweise als Minimum Tick Size oder kurz Tick Size bezeichnet. Sie orientieren sich oft an den Minima, die für Preisschwankungen des Underlyings existieren, oder sind von den Börsen mehr oder weniger willkürlich festgelegt. Die Tick Size des DAX-Futures beträgt 0,5 Punkte, so daß keine kleinere Preisveränderung als von 2.100,00 auf 2.100,50 oder 2.099,50 an der DTB möglich ist.

Tick Value: Der in Geld gemessene Gegenwert einer Veränderung um einen Tick. Man erhält den Tick Value durch Multiplikation der Tick Size mit dem Kontraktmultiplikator. Bei obiger Tick Size von 0,5 Punkten und einem DAX-Kontraktmultiplikator von 100 DM beträgt der Tick Value 50 DM. Da eine Minimum-Preisänderung von 2.100,00 auf 2.100,50 einer Steigerung des Kontraktwertes von 2.100,00 x 100 DM = 210.000 DM auf 2.100,50 x 100 DM = 210.050 DM entspricht, kann der Tick Value auch auf diesem Wege abgeleitet werden.

Laufzeit: Futures werden an den Börsen auf nach Kontrakt verschiedenen, aber standardisierten Laufzeiten gehandelt. In der Regel sind weltweit mindestens drei Laufzeiten und damit Fälligkeitstermine eines Kontraktes handelbar. Oft sind die Kontrakte mit Fälligkeitsterminen in 3-Monats-Abständen handelbar, so zum Beispiel März, Juni, September und Dezember. Auf die sogenannten Zwischenmonate werden dann in einem solchen Underlying keine Futures gehandelt. Die Fälligkeitstage sind entweder bestimmte Wochentage im Fälligkeitsmonat, zum Beispiel jeweils der dritte Freitag des Monats, oder fixe Daten wie jeweils der 10. des Monats, falls der entsprechende Tag ein Handelstag ist. Unterschiedliche Regelungen bestehen zudem darüber, ob Fälligkeitstag und letzter Handelstag übereinstimmen. Je nach Kontrakt verschieden ist auch, ob die effektive Erfüllung der Kontrakte, also das Settlement, am Fälligkeitstag erfolgen muß, oder wie zum Beispiel bei Rohstoffen üblich, der Fälligkeitstag nur den

Verfall des Kontraktes bestimmt und eine Lieferung dann innerhalb mehrerer Wochen erfolgen kann.

Settlement ist die Erfüllung des Termingeschäftes am Fälligkeitstag oder Settlement Day. Eine Erfüllung eines Kontraktes kann theoretisch auf zwei grundsätzlich verschiedene Weisen erfolgen. Zum einen durch eine physische Belieferung des Käufers durch den Verkäufer. Dabei erhält der Käufer am Fälligkeitstag das Underlying, zum Beispiel durch Einbuchung von Wertpapieren in sein Depot oder bei Warenfutures durch Erhalt der Ware. Dieses auch als Physical Delivery bekannte Verfahren wurde bei den ersten Futurestransaktionen generell angewandt, da – wie im ersten Abschnitt erwähnt – dort Waren als Underlying gehandelt wurden und die Produzenten als Terminverkäufer beziehungsweise Verarbeiter oder Konsumenten als Terminkäufer ein wirtschaftliches Interesse an dem effektiven Besitzübergang der Waren hatten. Mit zunehmender Abstrahierung der Futuresmärkte von physisch lieferbaren Instrumenten, zum Beispiel durch Futures auf Geldmarktzinsen, und durch zunehmend breitere Anwendung wie Short-Verkäufe, bei denen der Verkäufer das Underlying ohnehin nicht besitzt, werden neue an den Börsen eingeführte Kontrakte zunehmend durch sogenanntes Cash Settlement erfüllt. Dabei wird am Verfalltag des Kontraktes die Differenz zwischen Preis bei Kontraktabschluß und dem von der Börse am Fälligkeitstag in verschiedenen Verfahren berechneten und publizierten Settlementpreis dem Käufer beziehungsweise Verkäufer gutgeschrieben oder belastet. In der Praxis wird ein sehr ähnlicher Prozeß zudem täglich von den Börsen vollzogen, das sogenannte Margining.

Margining: Als Sicherheitsleistung, die die Kontrakterfüllung garantiert, ist ein Teilbetrag des Kontraktwertes auf einem Konto bei einer Clearing-Stelle zu hinterlegen. Die Clearing-Stelle legt fest, wie hoch der zu hinterlegende Teilbetrag, die sogenannte „initial margin“, ist und berechnet täglich die Gewinne oder Verluste, die sich anhand des letzten gehandelten Tageskurses für die Kontraktpartner ergeben. Diese Gewinne und Verluste werden als „maintenance“ oder „variation margin“ bezeichnet und täglich auf den Konten der Marktteilnehmer verbucht. Sie erhöhen oder senken die Gesamtmarginforderungen der Clearing-Stelle. Durch dieses Margining oder „mark-to-market“ werden die Verbindlichkeiten der Marktteilnehmer am Ende jeden Handelstages erfaßt, so daß nur wenig Gefahr besteht, daß ein Börsenteilnehmer bei Settlement seinen Verbindlichkeiten nicht nachkommen kann. Kann während der Laufzeit des Kontraktes ein Börsenteilnehmer seine Marginverpflichtungen nicht erfüllen, werden seine Positionen von der Clearing-Stelle zwangsliquidiert. Es stellt sich die Frage, ob der Konkurs von Barings im Februar 1995 gezeigt hat, daß dieses System dennoch Risiken birgt? Grundsätzlich ja, da die Clearing-Stellen nicht nachvollziehen können, wie die Mittel zur Erfüllung der Marginverpflichtung beschafft werden. So können durchaus Kredite zur Begleichung von Marginverpflichtungen herangezogen werden, so daß die Sicherheitsleistung für die Börsen zwar erfüllt ist, dies aber nur durch Erhöhung anderer Verbindlichkeiten erfolgt. Andererseits können die Börsen nicht die überwachenden Organe der Gesamtbonität ihrer Marktteilnehmer sein. Im Falle Barings wurden so stets die Verbindlichkeiten den Börsen gegenüber gedeckt, es gelang lediglich durch kriminelle Energie eines Einzelnen, die Gesamtverbindlichkeiten der Bank intern und extern geringer darzustellen, als sie tatsächlich waren, und so die Bonität zu erhöhen. Das Marginsystem hat sicherlich wie jedes System der Risikobegrenzung gewisse Grenzen, hat aber bei zahlreichen Insolvenzen bisher hervorragende Dienste geleistet.

Exchange Fee: Die Marktteilnehmer haben für jeden an der Börse gehandelten Kontrakt eine Gebühr an die Börse zu entrichten. Diese Exchange Fee variiert ebenfalls von Börse zu Börse und je nach Kontrakt.

2.1.2 Handel

Abgesehen von Forward-Kontrakten, die in ihrer wirtschaftlichen Funktion den Futures sehr ähnlich sind und Over-the-Counter gehandelt werden, werden Futures entweder von Händlern, die sich persönlich in einer Börse zum Handel treffen, oder über Computersysteme gehandelt. Beim Open Outcry, der älteren und noch gebräuchlichsten Handelsform, erfolgt der Handelsabschluß in sogenannten „Pits" an der Börse. Die Pits sind Teilbereiche der Börsen, an denen der Handel auf je ein Underlying oder zumindest in wenigen verschiedenen Futures stattfindet.

So werden alle Futures auf den Standard & Poor's 500 Index in einem Pit gehandelt, in dem wiederum keine anderen Futures gehandelt werden können. Dabei wird ein Börsenmitglied den Auftrag eines

Kunden zum Beispiel telefonisch im Handelsbüro erhalten und diesen sofort an einen Runner oder Messenger auf dem Handelsfloor weiterleiten. Diese Angestellten der Firma geben diesen Auftrag weiter an den eigentlichen Floor Broker, der sich dann innerhalb des Pits um die Ausführung bemüht. Um diese Funktionen für Kunden wahrnehmen zu können, ist eine Börsenmitgliedschaft erforderlich, die von der Börse erworben werden muß und für die unterschiedliche Anforderungen an eine Bank oder einen Broker und auch Qualifikationen einzelner Mitarbeiter erfüllt sein müssen. Die Händler im Pit werden zudem danach unterschieden, ob sie lediglich als Execution Broker, die nur Kundenaufträge ausführen, agieren, oder zusätzlich den Eigenhandel in Futures betreiben. Im zweiten Falle bezeichnet man diese Händler auch als Locals. Im Sprachgebrauch der Terminbörsianer gelten Locals je nach typischer Handelsintention als Scalper, Day Trader oder Position Trader. Scalper gehen eine Position nur ein, um sie wenige Minuten später wieder zu schließen und versuchen vor allem ihre Eindrücke über die kurzfristigen Interessen und Aufträge der großen Marktteilnehmer in Profite umzusetzen. Als Day Trader gelten Händler, die am Tagesende ihre Positionen schließen. Position Trader halten ihre Positionen meist mehrere Tage.

Mit Ausnahme der Scalper sind diese Handelsinteressen auch beim Screen Trading präsent. Obwohl man in der Regel nicht von Locals spricht, denn es gibt keine lokal anwesenden Börsenhändler, sind Day und Position Trader wesentliche Einflußkräfte am Markt. Scalper existieren deshalb kaum, da der Bildschirmhandel wesentlich anonymer ist und es schwer fällt zu erkennen, wann zum Beispiel ein Institut durch seine Aktivität den Markt für einige Minuten beeinflussen wird. Beim Screen Trading, auf das sich als erste Börse die DTB als alleiniges System verlassen hat, ist zudem elektronisch jeder Handelsabschluß genau nachvollziehbar, und an der Börse existente limitierte Aufträge sind im System für jeden Händler erkennbar. Diese extreme Transparenz trägt zusammen mit der lokalen Unabhängigkeit der Händler dazu bei, daß gewisse Chancenungleichheiten des Präsenzhandels beseitigt werden und das Screen Trading den Terminhandel der Idealvorstellung eines fairen Marktes ein weiteres Stück näher gebracht hat. Obwohl die größten Futures-Börsen der Welt – das Chicago Board of Trade (CBOT), die Chicago Mercantile Exchange (CME) und die London International Financial Futures and Options Exchange (LIFFE) – immer wieder betonen, daß die Bedeutung des Pits immer dominant bleiben wird, haben auch diese Börsen eine Erweiterung der Handelszeiten über elektronische Systeme eingeführt. Die bekanntesten sind GLOBEX, ein System, das von Reuters und der CME entwickelt wurde und nun von einigen Börsen genutzt wird, so wie das After Pit Trading (APT), ein System der LIFFE.

Die strenge Regulierung und Überwachung des Futureshandels, so zum Beispiel auch durch Exchange Officials, den Vertretern der Börsen in den Pits, soll hier nicht im Detail erläutert werden. Von Interesse für den Leser sind aber sicherlich zwei Limitierungen, die an den Chicagoer Börsen üblich sind und teilweise von anderen Terminbörsen übernommen wurden.

Zum einen sind, je nach Kontrakt unterschiedlich, maximale Kursschwankungen definiert, die ein Kontrakt innerhalb eines Tages erfahren darf. Werden diese Kurse erreicht, wird der Handel für eine gewisse Zeit ausgesetzt und je nach Kontrakt nach 30 Minuten bis zu mehreren Stunden wieder aufgenommen. Die Crashs am US-Aktienmarkt von 1987 und 1989 haben zudem zu einer ähnlichen Regelung am US-Kassaaktienmarkt für den Dow Jones Index geführt, der sogenannten Uptick Rule. Danach darf nach einer Kursschwankung von 50 Punkten im Dow von Arbitrageuren ein Verkauf von Aktienbaskets an der New York Stock Exchange nur dann erfolgen, wenn dies zu einem Uptick geschehen kann. Ein Uptick ist ein höherer Kurs als der vorangegangene.

Die zweite wesentliche Limitierung sind die Positionslimits, bei denen die Börse festlegt, wieviele Kontrakte in einem einzelnen Underlying ein Börsenmitglied maximal besitzen beziehungsweise „short" sein darf.

Wie sicherlich erkenntlich ist, sollen beide Limitierungen dazu dienen, die systembedingten Risiken zu minimieren und die Märkte in Extremsituationen gewissermaßen vor sich selbst zu schützen. Wie gesagt, es handelt sich dabei um zeitlich begrenzte Maßnahmen, so daß auch Puritaner des freien Marktes sicherlich Verständnis für diese Limits aufbringen werden.

2.1.3 Vergleich von Futures und Kassamärkten

Nach der Betrachtung aller den Futures immanenten Charakteristika sollen die Vorteile und Unterschiede, die Futures gegenüber den Kassamärkten aufweisen, noch einmal hervorgehoben werden:

- **Liquidität**

  Die Standardisierung von Futures durch Kontraktspezifikationen sowie der stark konzentrierte Handel wie zum Beispiel in einem Pit, machen viele Futureskontrakte zu hochliquiden Instrumenten. Nicht zuletzt durch die folgenden drei weiteren Vorteile Clearing, Margining und geringe Transaktionskosten übersteigen in den wichtigsten Finanzinstrumenten der Aktien- und Zinswelt die Futuresumsätze die Umsatzvolumina an den Kassamärkten.

- **Clearing**

  Der Abwicklungsmechanismus beseitigt das Kontrahentenrisiko und ermöglicht, eingegangene Kontrakte mit einer Vielzahl anderer Marktteilnehmer wieder zu schließen.

- **Margining**

  Durch das Margining können mit nur einem geringen Teil des Kapitaleinsatzes, der je nach Volatilität des Underlyings etwa zwischen 2 Prozent und 15 Prozent des Kontraktwertes beträgt, größere Positionen in Underlying eingegangen werden. Für den Future auf Bundesanleihen mit 8 bis 10jähriger Restlaufzeit (Bund-Future) an der DTB, bei dem eine „initial margin" von etwa 2 Prozent des Kontraktgegenwertes aufzubringen ist, kann so theoretisch mit einem zur Verfügung stehenden Geldbetrag X eine Futures-Position eingezogen werden, die dem 50fachen von X entspricht. Aufgrund der „variation margin" wäre diese Futures-Position zwar nur zu halten, wenn nach Eröffnung der Position unmittelbar die erwartete Kursbewegung im Future eintrifft, doch ist theoretisch eine 50fache Hebelwirkung erzielbar. Spekulanten wie auch Hedger minimieren so ihren Kapitaleinsatz und minimieren damit Hedgekosten beziehungsweise maximieren Spekulationsgewinne. Als Nachteil des Margining hat sich oft der administrative Aufwand durch tägliches Verbuchen der

„variation margin“ herausgestellt. Zwar ist für den Privatanleger dies wenig problembehaftet, da die Bank die Verbuchung in der Regel kostenfrei übernimmt, aber die erforderliche Anpassung der Buchungssysteme bei den meisten institutionellen Investoren hat zum Beispiel in Deutschland nach Handelsaufnahme an der DTB zu erheblichen Kosten bei den Institutionellen geführt und damit den Nutzen geringer Transaktionskosten oft in Frage gestellt.

- **Transaktionskosten**

Die Futures-Börsen sind bemüht, diese Kosten möglichst niedrig zu halten, da sie einen nicht unwesentlichen Wettbewerbsvorteil in der Konkurrenz von Termin- und Kassamärkten darstellen. Für den DAX-Future im Gegenwert von 200.000 DM wird so ein Privatanleger für Öffnung und Schließung des Kontraktes etwa 200 DM inklusive aller Spesen entrichten, für Kauf und Verkauf von Aktien im Gegenwert von 200.000 DM können dagegen 2.000 DM bereits als günstig gelten. Die wahren Transaktionskosten müssen natürlich Kosten wie die Geld/Brief Spanne an der Börse, auch Bid-Ask Spread genannt, und die Abweichung der Futures von ihrem fairen Kurs berücksichtigen. Um letztere nachvollziehen zu können, ist eine Kenntnis der Preisbildungsmechanismen von Futures unbedingt erforderlich.

2.1.4 Preisbildung

Für alle Futures, seien es Warenterminkontrakte oder Financial Futures, kann ein mathematisch objektiver Preis ermittelt werden, der als fairer Preis ermittelt wird. Dieser faire Preis beruht letztendlich auf dem marktwirtschaftlichen Theorem, das für wirtschaftlich identische Güter einen identischen Preis annimmt. Konkreter liegt dem fairen Preis, und dies gilt später auch für das Optionspricing, die Arbitrage Pricing Theory (APT) zugrunde. Nach der APT muß der Preis eines Finanzinstrumentes, das auch durch eine Kombination anderer Finanzinstrumente substituiert werden kann, mit dem Preis der Kombination identisch sein. Ansonsten wären risikofreie Erträge durch Arbitrage erzielbar. Die unterschiedlichen Quotierungsweisen und Settlementprocedere beeinflussen dabei die Preisbildung in der Praxis. Deshalb wird im folgenden bei der Darstellung der Preisbildung in Aktienindexfutures, Währungsfutures, Warenterminkontrakte und Zinsfutures differenziert.

2.1.4.1 Aktienindexfutures

Ein Aktienindexfuture ist ein Terminkontrakt, dem die durchschnittliche gewichtete Veränderung einer Anzahl ausgewählter Aktien (= Index) zugrunde liegt. Aktienindexfutures werden immer „cash" gesettled, so daß bei Verfall keine Lieferung oder Abnahme der Aktien erfolgt, sondern die Differenz zwischen Handelspreis und Settlement Price am Verfalltag den Konten der Investoren gutgeschrieben oder belastet wird. Der Settlement Price wird an unterschiedlichen Börsen verschieden bestimmt und ist meist nicht mit dem Schlußkurs des Cash Indexes identisch. So wird für die Nikkei 225 Futures in Singapur und Osaka ein Settlement Price, die Special Quotation, durch Berechnung eines theoretischen Indexes festgestellt, der auf den Eröffnungskursen des folgenden Tages der 225 enthaltenen Aktien basiert.

Der Kurs eines Aktienindexfutures wird gemäß der Arbitrage Pricing Theory von seinem fairen Wert oder Fair Value maximal um die Kosten einer Arbitrage abweichen. Der Fair Value ergibt sich aus Überlegungen, nach denen der Eigentümer eines Aktienportfolios, das der Zusammensetzung des Indexes entspricht, durch den Verkauf von Indexfutures sein Aktienkursrisiko vollkommen eliminieren kann. Dann hält er ein von Kursschwankungen unabhängiges Portfolio. Dieses risikolose Investment darf natürlich nicht mehr oder weniger Rendite erwirtschaften als jedes andere risikofreie Investment. Die Verzinsung mit dem kurzfristigen Geldmarktsatz in Landeswährung ist deshalb fair und erlaubt keine Arbitrage. Der Investor erhält jedoch zusätzlich Dividenden aus seinem Aktienportfolio, die seinen Gesamtertrag erhöhen. Der faire Futurespreis, den er beim Verkauf erhält, muß also, um diese Dividenden auszugleichen, niedriger notieren, als aufgrund des Geldmarktsatzes zu erwarten wäre. Das abgesicherte Portfolio erwirtschaftet einen Gesamtertrag in Höhe des Geldmarktsatzes r, wenn die Futures zu folgendem Fair Value notieren:

$$FV = S_0 \cdot [1 + t \cdot (r - d)] \qquad \text{(Formel I)}$$

Dabei sind

FV = Fair Value
S_o = Wert des Aktienportfolios zum Zeitpunkt 0
t = Restlaufzeit des Futures / 360 Tage
r = Geldmarktsatz beziehungsweise risikoloser Zinssatz
d = Dividendenrendite des Portfolios beziehungsweise Indexes

Diese einfache Berechnung wird für Indices, die zahlreiche Aktien enthalten und gleichmäßig über das Jahr verteilte Dividendenfälligkeiten aufweisen, ein ausreichendes Ergebnis zur Berechnung des Fair Values liefern. Liegt der Fair Value über dem Kassapreis, spricht man bei der Differenz von Fair Value minus Kasse von einer positiven Basis, im umgekehrten Falle von einer negativen Basis. Die Basis wird bei allen Futures zum Ende der Laufzeit hin geringer, da t kleiner wird. Somit wird der Kurs eines Futures am letzten Handelstag immer nahezu identisch dem Kurs des Underlyings sein. Dieser Effekt wird Konvergenz oder Basiskonvergenz genannt.

Für Indices wie den DAX und den CAC 40 in Frankreich, muß die Gleichung etwas angepaßt werden.

Um eine exakte Berechnung des Fair Values für Indices zu erreichen, bei denen auf die Aktien der enthaltenen Aktiengesellschaften nur einmal jährlich Dividenden ausgeschüttet werden, müssen anstatt der durchschnittlichen Dividendenrendite des Index die einzelnen erwarteten Dividenden in die Gleichung eingefügt und nach Erhalt bis zur Fälligkeit des Futures verzinst werden. Damit wird mathematisch genauer erfaßt, wie die wirkliche Dividendensituation des Besitzers eines Indexportfolios ist. Der Fair Value ermittelt sich dann aus

$$FV = S_o \cdot (1 + rt) - \sum_{s=1}^{N} DIV_s \cdot (1 + rt_{s,D})$$

wobei

FV, S_o, t, r, d identisch der Formel I und

DIV_s = Dividende, die auf die Aktie Nummer S im Index während der Futures-Laufzeit bezahlt wird

N = Gesamtanzahl der im Index enthaltenen Aktien
$t_{s,D}$ = Restlaufzeit des Futures nach Erhalt der Dividende / 360 Tage

In den beiden obigen Beispielen wird auf Basis einer Cash-and-Carry Arbitrage ein Fair Value ermittelt, der eben diese Arbitrage unmöglich macht. Bei der Cash-and-Carry Arbitrage leiht sich der Arbitrageur Geld am Geldmarkt („cash"), um ein Indexportfolio zu erwerben („carry") und verkauft Futures. In identischer Weise kann ein Fair Value durch eine Reverse Cash-and-Carry Arbitrage berechnet werden, bei der Futures gekauft, geliehene Aktien verkauft und die erhaltenen Mittel am Geldmarkt angelegt werden. In der Theorie liefern beide Ansätze denselben Fair Value. Die Praxis zeigt jedoch, daß Aktien nicht immer geliehen werden können und die Geldmarktsätze r unterschiedlich sein können, da bei der Cash-and-Carry Arbitrage Geld aufgenommen werden muß und bei der Reverse Cash-and-Carry Arbitrage Geld am Geldmarkt investiert wird, so daß der Bid-Ask Spread am Geldmarkt die Ergebnisse bereits leicht unterschiedlich machen wird. Des weiteren wird jede Aktienindexarbitrage Kosten und Risiken für den Arbitrageur mit sich bringen. Um diese Kosten und den Preis, zu dem Arbitrageure bereit sind, die verbundenen Risiken in Kauf zu nehmen, wird der tatsächliche Preis des Futures um den Fair Value schwanken.

2.1.4.2 Kosten und Probleme der Indexarbitrage

Folgende Faktoren beeinflussen die Indexarbitrage:

- **Index Tracking**

  Die genaue Nachbildung des Index wird selbst bei Indices, die nur wenige Aktien beinhalten, wie zum Beispiel dem DAX, durch die Gewichtung der Aktien erschwert. So sind meist Einheiten, die nicht ohne weiteres handelbar sind, im Index enthalten. Statt einer Aktie enthält der Index so zum Beispiel 1,543 Aktien einer Gesellschaft. Damit ist für eine exakte Nachbildung eine Minimumgröße des Indexportfolios erforderlich, die beträchtlich sein kann. Es wäre ein Kauf von 1.543 Aktien im obigen Beispiel nötig. Zudem sind die Mindestgrößen für den variablen Handel zur exakten Replikation zu berücksichtigen. An einer deutschen Börse wären aufgrund der Mindesteinheit von 50 Aktien im variablen Handel also 154.300 Aktien zu handeln, was selbst in deutschen Standardwerten ohne Kursbeeinflussung etwa zwei Stunden Ausführungszeit erfordern dürfte. Eine exakte Indexabbildung ist also nahezu unmöglich. Aufgrund der sofortigen Ausführung der Arbitragekäufe oder -verkäufe am Kassamarkt trifft dies ohnehin für Indices zu, die 100 oder mehr Aktien enthalten, da der gleichzeitige Handel all der verschiedenen Aktien ein Heer von Händlern mit immensem Kostenaufwand bedingen würde.

Der Arbitrageur wird also in der Praxis versuchen, den Index mit einem Portfolio aus weniger Aktien nachzubilden, das mit dem Index hochkorreliert ist. Dieses „Tracking" mit einem Tracking oder Tracker Basket birgt das Risiko, daß das Portfolio die Indexbewegungen nicht genau nachvollzieht oder dies vielleicht in der Vergangenheit nahezu getan hat, aber durch eine Veränderung der Korrelation im Index in der Zukunft nicht mehr tut. Dieses Korrelationsrisiko oder Tracking Error, wird der Arbitrageur versuchen zu quantifizieren, um es dann bei der Berechnung, wann eine Arbitrage lohnenswert ist, zu berücksichtigen.

- **Transaktionskosten**

Durch den Handel der Aktien und Futures entstehen Kosten für Provisionen und Börsengebühren. Da die Futures „cash" gesettled werden, entstehen im Vergleich zu Futures mit physischem Settlement die Kosten doppelt. Bei der Cash-and-Carry Arbitrage muß am Ende der Laufzeit das Portfolio wieder verkauft werden, bei der Reverse Cash-and-Carry Arbitrage muß es zurückgekauft werden.

- **Aktienleihe**

Bei der Reverse Cash-and-Carry Arbitrage müssen Aktien geliehen werden, um diese gegen die Long Futures verkaufen zu können. Die Leihe von Aktien wirft in vielen Märkten rechtliche Probleme auf und ist teilweise vollkommen unmöglich. Im Vergleich zur Cash-and-Carry Arbitrage ist sie zudem teurer, da sowohl Transaktionskosten als auch Leihgebühren für die Aktien kalkuliert werden müssen. Die Reverse Cash-and-Carry Arbitrage ist dann lohnenswert, wenn Futures genügend weit unter Fair Value handeln, da diese Futures dann gekauft werden. Ist eine Aktienleihe und damit die Reverse Cash-and-Carry Arbitrage nur schwer oder gar nicht möglich, besteht eine große Wahrscheinlichkeit, daß Futures konstant unter ihrem Fair Value gehandelt werden. Mit Sicherheit wird dies immer dann der Fall sein, wenn größere Verkäufe auf Futures konzentriert werden, wie typischerweise beim Hedging von Aktienpositionen.

- **Indexberechnung**

  Während der Arbitragedauer kann durch Dividenden und Kapitalmaßnahmen der Gesellschaften, wie auch durch Beschlüsse der Börsen, die Indexzusammensetzung verändert werden. Wird die Indexgewichtung einer Aktie verändert, muß entsprechend der Tracker Basket angepaßt werden. Grundsätzlich sind auch Dividenden bei Indexberechnungen unterschiedlich zu berücksichtigen. Während bei Performanceindices, wie dem DAX, die ausgeschütteten Dividenden rechnerisch in Aktien der Gesellschaft reinvestiert werden, reduzieren bei Preisindices wie dem CAC 40 die Dividendenausschüttungen den Aktienpreis und damit auch den Indexstand. Da die Verfahren der Indexberechnung jedoch nicht oder nur nach langen Diskussionsphasen geändert werden, treten keine Probleme während der Laufzeit einer Arbitrage auf, wenn zu Beginn diese Unterschiede in die Kalkulation mit einbezogen wurden.

- **Dividenden**

  Da die Dividenden im Unterschied zum Zinssatz bei Anleihenfutures nicht feststehen, muß der Arbitrageur eine mit Unsicherheit verbundene Dividendenprognose treffen. Die steuerliche Behandlung von Dividenden spielt ebenfalls eine Rolle. Bestehen Doppelbesteuerungsabkommen oder Steuererleichterungen für im Inland oder Ausland besteuerte oder für bestimmte Anlegergruppen wie zum Beispiel Pensionskassen in Großbritannien, dann existieren verschiedene Fair Values aus der Sicht verschiedener Marktteilnehmer.

All diese Faktoren führen zu den Abweichungen der tatsächlich gehandelten Preise von den Fair Values und letztlich dazu, daß Futures in einem Arbitrage-„Band“ notieren. Der im Durchschnitt am wenigsten von dem Fair Value abweichende Indexfuture, der Standard & Poor's 500 handelt an einem ruhigen Handelstag etwa bei maximal ± 0,3 Prozent Abweichung vom Fair Value, an volatilen Tagen bis zu ± 0,5 Prozent. Erwähnt werden soll, daß bei Extrembewegungen, den Crashs an den Märkten, faire Basis und Fair Value ihre Bedeutung verlieren. Dann nämlich ist die Grundbedingung für eine Arbitrage, ein Aktienportfolio zu einem Durchschnittskurs handeln zu können, der nahe am wenige Sekunden zuvor festgestellten Kurs liegt, außer Kraft gesetzt.

2.1.4.3 Währungsfutures und Warenterminkontrakte

Obwohl Währungsfutures zu den ersten Futures überhaupt gehörten, ist ihre relative Bedeutung im globalen Devisenhandel deutlich geringer als die der Zins- und Aktienfutures in Relation zum jeweiligen Underlying. Dies dürfte nicht zuletzt daran liegen, daß sowohl bei Swaps als auch insbesondere bei den Forwards die Währungskontrakte eine führende Stellung bei den gehandelten Volumina aufweisen. Da Swaps und Forwards eine den Futures identische Risikostruktur aufweisen, werden letztere zunehmend von kleineren Unternehmen und Privatpersonen genutzt, die zu den OTC-Märkten nur schwer Zugang haben.

Futures, Forwards und Swaps ist gemeinsam, daß die Kontrahenten einen Kurs zwischen zwei Währungen fixieren, zu dem sie zu einem zukünftigen Zeitpunkt diese Währungen tauschen. Das Pricing aller Kontrakte beruht auf der Zinsdifferenz zwischen den beiden Währungen. Da die meisten Währungsfutures in Chicago gehandelt werden, waren bis vor wenigen Jahren nur Fremdwährungen gegen US$ als Futures verfügbar und entsprechend soll am *Beispiel* der US$/DM-Zinsdifferenz das Grundprinzip des Pricing veranschaulicht werden. Inzwischen sind Cross-Currency-Kontrakte, wie Futures auf den DM/Yen-Wechselkurs ebenfalls handelbar, die selbstverständlich analog gepriced werden können. Wiederum sind auch bei den Währungsfutures Abweichungen vom Fair Value die Regel, wenn auch die theoretischen Arbitragemöglichkeiten aufgrund eines regen Handels in den Forwards und Swaps noch größer sind als bei Aktien und Anleihen.

Anhand der APT kann wiederum das Pricing für Währungsfutures nachvollzogen werden. Investiert ein Investor einen DM-Betrag am Geldmarkt für 3 Monate, so erhält er zum Beispiel den 3-Monats-DEM-LIBOR (London Interbank Offered Rate) von 5,00 Prozent p. a. Ein Investor in den USA, der seine US$ in 3 Monaten in DM umtauschen möchte, will den Wechselkurs von zum Beispiel 60 cents pro DM nutzen, um seine US$ auf Termin zu verkaufen. Die am Futuresmarkt übliche Quotierung von cents pro DM entspricht dem vertrauten Wechselkurs von 1 US$ = 1,6670 DM.

Nachdem der US-Investor seine Dollar gegen DM auf Termin verkauft hat, indem er einen DM- gegen US$-Future gekauft hat, hat er kein Wechselkursrisiko gegen DM mehr und hat die US$ zu einem festen Kurs in drei Monaten verkauft. In der Zwischenzeit investiert er seine US$ zum 3-Monats-US$-LIBOR von zum Beispiel 7,00 Prozent p. a. Könnte der Investor seine US$ zu 1,6670 DM auf Termin verkaufen, würde er für drei Monate 2 Prozent p. a. höhere Zinsen erhalten als der DM-Investor. Diese Arbitragemöglichkeit würde dazu führen, daß solange US$ gegen DM auf Termin verkauft würden, bis der US$-Terminkurs soweit gefallen wäre, daß die Arbitrage nicht mehr lohnt. Mit anderen Worten wird der Terminkurs des US$ gegen DM zu einem Abschlag auf den Kassakurs in Höhe von 2 Prozent auf drei Monate, also 0,5 Prozent notieren. Der Verkauf des US$ gegen DM wird also bei einem Kassakurs von 1,6670 DM zu 1,6670 DM – 0,5 Prozent x 1,6670 DM = 1,5837 DM erfolgen. Dadurch erzielen beide Investoren, die de facto dasselbe Investment halten, auch dieselbe Rendite. Der DM/US$-Future notiert entsprechend dem Terminkurs von 1,5837 DM bei 1:1,5837 = 63,14 cents pro DM mit einem Aufschlag. Für den US$-Investor wird der Zinsvorteil des US$-Investments durch einen „teueren" Terminkauf der DM kompensiert, entsprechend einem Terminverkauf von US$ zu einem niedrigeren Kurs als dem aktuellen Kassakurs.

Warenterminkontrakte

Die Preise von Warenterminkontrakten oder Commodity Futures basieren auf denselben Cash-and-Carry-Prinzipien, die bereits behandelt wurden. Anders als bei Aktien und Renten erhält der Halter oder Produzent der Waren jedoch keine laufenden Erträge. Er muß diese Vorratshaltung oder den Produktionsprozeß immer vorfinanzieren, also entsprechende Mittel refinanzieren. Deshalb liegt der Fair Value eines Commodity Futures immer über dem Kassapreis, hat also eine positive Basis.

Wird eine positive Basis am Markt gehandelt, spricht man von einem Cantango, wird entgegen dem Fair Value eine negative Basis gehandelt, von einer Backwardation.

Der Fair Value ergibt sich aus

$$FV = C_0 + rt + lt$$

wobei

C_0 = Commodity-Cash-Preis zum Zeitpunkt 0
r = Geldmarktsatz oder risikoloser Zinssatz
t = Restlaufzeit des Futures / 360 Tage
l = Lagerkosten

Die Lagerkosten variieren von Ware zu Ware beträchtlich und beinhalten auch Faktoren wie Verfall oder Qualitätsminderung des Produktes bei Agrarprodukten. Während Gold und Silber vergleichsweise günstig zu lagern sind und keiner Abnutzung unterliegen, sind Waren wie Heizöl und Weizen in dieser Beziehung komplexer. Da weit weniger Marktteilnehmer in einzelnen Waren aktiv sind und zudem selbst bei gängigen Waren wie Kaffee einige sehr bedeutende Produzenten und Verarbeiter die Preise mitbestimmen, sei dem weniger erfahrenen Spekulanten geraten, sich an die sicher faireren Finanzmärkte zu halten. Eine Ausnahme bilden hier langfristige Investments in Baskets von Commodities oder ähnliches. Unter Tradingaspekten jedoch sind die starken Schwankungen um den Fair Value bei Commodities äußerst erfolgshemmend. Die Beziehung zwischen Kassa- und Terminpreis unterliegt bei Commodities viel stärker dem Angebot und der Nachfrage nach dem einzelnen Instrument, als dies bei Finanzinstrumenten der Fall ist. So sind die Winterkontrakte in Heizöl sehr oft deutlich über Fair Value, wogegen die im Sommer fälligen Kontrakte oft unter dem Cash-Preis liegen. Letzteres verblüfft, da eine Lieferung im Sommer nicht verbraucht und dann auch nach der Laufzeit des Kontraktes weiterhin gelagert werden muß, so daß l in obiger Gleichung vergleichsweise hoch ist. Demnach läßt die mangelnde Nachfrage diese Backwardation zu.

2.1.4.4 Zinsfutures und Forward Rate Agreements (FRAs)

Zinsfutures umfassen Futures auf kurzfristige Zinsen, meist auf den 3-Monats-Geldmarktsatz in verschiedenen Währungen, wie auch Futures auf Anleihen mit Restlaufzeiten bis zu 30 Jahren. Das Pricing der kurz- und langfristigen Kontrakte unterscheidet sich aufgrund unterschiedlicher Kontraktspezifikationen, der Fair Value kann jedoch wiederum bei beiden Arten von Zinsfutures durch die APT ermittelt werden.

Kontrakte auf kurzfristige Zinsen werden nicht als Zinssätze quotiert, wie dies zunächst anzunehmen wäre. Ist so der 3-Monats-DM-LIBOR bei 5 Prozent, könnte ein Future darauf bei 5,10 Prozent notieren. Die Geldmarktfutures werden viel mehr durch Indexierung ähnlich den Anleihen und den Futures auf Anleihen quotiert. Der Preis P des Futures wird als

$$P = 100 - i$$

quotiert, wobei i der für das Ende der Laufzeit gültige Geldmarktsatz ist. Diese Art der Quotierung bringt mit sich, daß der Preis P sich entgegengesetzt der Zinsentwicklung verändert. Notiert der Future bei 94,95 entsprechend einem i = 5,05 Prozent und erwartet ein Händler fallende Zinsen, so wird er Futures erwerben. Fällt i innerhalb des Tages auf 5,00 Prozent, notiert der Future bei 95,00. Damit schwanken Geldmarktfutures bei Zinsänderungen in derselben Weise, wie die langfristigen Zinsfutures beziehungsweise Anleihen. Bei fallenden Zinsen steigen die Futures und umgekehrt. Zu betonen ist, daß P kein Preis im üblichen Sinne ist. Ein Preis von 95,00 kann nicht in einem DM-Gegenwert ausgedrückt werden und bedeutet auch nicht, daß ein Underlying zu 95,00 bei Verfall erworben werden kann. P zeigt lediglich, daß in Höhe des Notional Amount des Kontraktes, also der Kontraktgröße, eine Anlage oder Mittelaufnahme am Geldmarkt zu 5 Prozent möglich wäre. Bei Settlement der Futures wird der Exchange Delivery Settlement Price (EDSP) als 100 – X festgestellt, wobei X zum Beispiel die LIBOR- oder P(Paris)IBOR-Sätze des Verfalltages sind. Damit ist EDSP immer identisch,

$$P_{EDSP} = 100 - \text{Rendite des Underlying}_{Exp},$$

wobei Exp = bestimmte Uhrzeit- oder Durchschnittsrendite aus mehreren Zeitpunkten am Verfalltag.

Aufgrund dieses Settlementprocedere wird mit zeitlicher Annäherung an den Verfalltag der im Preis des Futures implizite Zinssatz sich immer mehr der Rendite des Underlying annähern.

Fair Value und FRAs

Der den 3-Monats-Geldmarktfutures implizite Zinssatz i, ist derjenige Zinssatz, zu dem bei Fälligkeit des Futures der Notional Amount für drei Monate am Geldmarkt angelegt beziehungsweise aufgenommen werden kann. Eine Long-Position berechtigt zur Anlage von Mitteln und umgekehrt. Ökonomisch entspricht der Zinsfuture einem Forward Rate Agreement. Das FRA stellt das OTC-Geschäft dar, der Zinsfuture das „standardisierte FRA". Unterschiedlich beim Pricing ist dabei die Indexierung bei Futures. Der Zinssatz für ein FRA ist somit gleich dem i beim Future, wenn die Kontraktbedingungen des Futures mit den Vertragsvereinbarungen beim FRA übereinstimmen. Die folgenden Ausführungen gelten somit sowohl für die Ermittlung des Fair Values des Futures als auch für das FRA-Pricing.

Gehen wir in einem *Beispiel* von einem Investor aus, der eine risikolose DM-Anlage über sechs Monate tätigen will. Er hat hierzu mehrere Alternativen, die gemäß der APT zur selben Gesamtrendite führen müssen. Zum einen kann er für sechs Monate zu 6 Prozent p. a. investieren, zum anderen kann er für die ersten drei Monate zu 5 Prozent p. a. investieren und zugleich einen 3-Monats-DM-Future erwerben, der in drei Monaten verfällt und ihm dann das Recht gibt, zu einem jetzt gehandelten i die dann folgenden drei Monate anzulegen. Was muß nun das i sein? Die erste Alternative offeriert 6 Prozent p. a. Da bei der zweiten Alternative nur 5 Prozent .a. für drei Monate erzielt werden, hat der Investor zunächst eine um 1 Prozent p. a. für drei Monate geringere Rendite. Um dies auszugleichen, muß er in den letzten drei Monaten sehr grob angenähert eine um 1 Prozent p. a. höhere Rendite erzielen, also 7 Prozent p. a. Dann wäre der FRA-Zins i_F = 7 Prozent p. a., beziehungsweise der Futures Kurs 100,00 – 7,00 = 93,00. Tatsächlich aber erhält der Investor bei der zweiten Alternative nach drei Monaten Zinsen auf sein Investment zu 5 Prozent p. a. Da er diese ebenfalls für die letzten drei Monate investieren kann, würde seine Gesamtrendite bei einem $i_F = 7$ Prozent über den 6 Prozent p. a. der ersten Alternative liegen.

Der Zinseszinseffekt muß also dadurch ausgeglichen werden, daß i_F etwas geringer ist als 7 Prozent p. a.

Analytisch müssen beide Returns gleich hoch sein. Es sind im Beispiel

i_L	=	Zinssatz am Geldmarkt bis Endfälligkeit	6 %
i_S	=	Zinssatz am Geldmarkt bis Verfalltag des Futures	5 %
i_F	=	FRA-Zinssatz	< 7 %
t_L	=	Tage bis Endfälligkeit	6 Monate
t_S	=	Tage bis Verfalltag des Futures	3 Monate
t_F	=	$(t_L - t_S)$	3 Monate

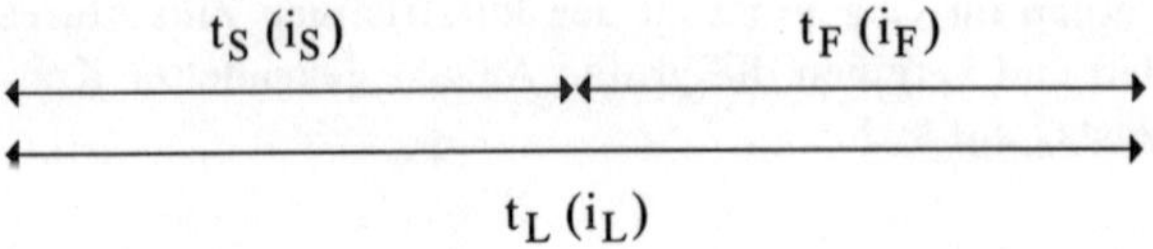

wobei alle t zur Errechnung des Zinses durch 360 Tage geteilt werden müssen.

Dann muß nach APT

$$(1 + i_S t_S) \cdot (1 + i_F t) = (1 + i_L t_L)$$

sein.

Anstatt alle t durch 360 Tage zu teilen, wird der Divisor B eingeführt, der je nach Konvention über die Länge eines Zinsjahres 360 oder 365 beträgt (im United Kingdom zum Beispiel 365 Tage). Dann kann obige Formel nach i_F aufgelöst werden und inklusive des Zinseszinseffekts ist somit die Formel zur Errechnung des FRA-Zinses i_F:

$$i_F = \frac{i_L t_L - i_S t_S}{t_F \left(1 + \frac{i_S t_S}{B}\right)}$$

Der Future würde, da im Beispiel $i_F = i$ ist, also bei $P = 100 - i_F$ notieren.

Hierdurch ergeben sich abhängig von der Zinsstrukturkurve folgende Zusammenhänge für FRAs:

positive Zinsstrukturkurve („kurze Zinsen < längere Zinsen“)	Forwardsätze über Geldmarktsätzen
inverse/negative Zinsstrukturkurve	Forwardsätze unter Geldmarktsätzen

Futures auf Obligationen, Anleihen, Bonds

Bond Futures werden im Gegensatz zu den kurzfristigen Zinsfutures physisch gesettled und vereinen die größte Anzahl gehandelter Kontrakte pro Handelstag auf sich.

Allen Futures auf Anleihen gemeinsam ist das Konzept der Cheapest-to-Deliver-Anleihe. Die Kontraktspezifikation von Bond Futures erfordert vom Verkäufer die Lieferung einer Anleihe am Settlement Day. Dabei kann der Verkäufer je nach Kontrakt aus einer Anzahl verschiedener Anleihen wählen, welche er dem Futureskäufer liefert. Seine Wahl wird sich zum einen daran orientieren, ob er Futures zum Hedging gegen eine bestimmte lieferbare Anleihe verkauft hat und entsprechend diese Anleihe liefert oder aber welche der lieferbaren Anleihen er sich am günstigsten am Markt beschaffen kann. Welche Anleihen lieferbar sind, wird durch die Kontraktspezifikationen festgelegt. Dabei werden Anleihen oder Obligationen bestimmter Emittenten, die entweder Staatsanleihen oder Anleihen staatlicher Institutionen sein müssen, und Restlaufzeiten in einem bestimmten Teilbereich der Zinskurve definiert. Bei der Emission neuer Anleihen können diese somit ebenfalls lieferbare Anleihen sein, wodurch der Korb lieferbarer Anleihen vergrößert wird. Mit abnehmender Restlaufzeit andererseits werden Anleihen aus dem Laufzeitbereich herausfallen.

Am folgenden *Beispiel* des Bund-Futures wird das Settlementprocedere der Futures konkret dargestellt:

Ein Bund-Future ist ein Termingeschäft über nominal 250.000 DM einer fiktiven Bundesanleihe mit einem Coupon von 6 Prozent. Der Future-Kurs wird in Prozent pro 100 DM nominal notiert, wie es auch für die Kassaanleihen üblich ist.

Die kleinstmögliche Kursveränderung des Kontraktes, ein sogenannter „Tic", beträgt ein Hundertstel eines Prozentes, also 0,01 DM. Eine Kurssteigerung des Kontraktes von 91,10 auf 91,11 Prozent, also einem Tic, entspricht 0,01 x 250.000 DM = 25 DM.

Mögliche Fälligkeitstermine sind jeweils der 10. der Monate März, Juni, September, Dezember. An diesen Lieferterminen muß der Futures-Verkäufer 250.000 DM nominal einer bestimmten Bundesanleihe liefern. Der Futures-Käufer muß den jeweiligen Rechnungsbetrag bezahlen.

Der Verkäufer eines Bund-Futures kann bei Fälligkeit jede Bundesanleihe liefern, die am 10. des Liefermonates eine Restlaufzeit von 8 1/2 bis 10 Jahren hat. Die LIFFE und die DTB führen eine Liste der lieferbaren Anleihen, die um Neuemissionen mit entsprechender Laufzeit aktualisiert wird. Bei der Entscheidung, welche Anleihe er liefern will, wird sich der Anleger für die jeweils preiswerteste Alternative entscheiden. Er wägt ab, bei welchem Papier sein Aufwand (Tageskurs + Stückzinsen) in Beziehung zum Rechnungsbetrag, den er erhält, am geringsten ist. Dieses Papier wird als Cheapest-to-Deliver-Anleihe (CTD-Anleihe) bezeichnet.

Der Rechnungsbetrag, also die Zahlung, die der Lieferant der Anleihe erhält, wird durch Multiplikation eines Anleihekurses mit einem Preisfaktor ermittelt. Der Preisfaktor paßt die Konditionen der Anleihe an die theoretischen Konditionen des Futures an.

Bei den Bund-Futures wird eine Verzinsung von sechs Prozent unterstellt. Eine zu liefernde Anleihe muß also eine effektive Rendite von sechs Prozent erbringen. Da Anleihen mit unterschiedlichen Coupons und Laufzeiten geliefert werden können (siehe Abschnitt 1.2.2), muß der Rechnungsbetrag, den der Käufer von Kassaanleihen entrichtet, durch ein Preisfaktorsystem angepaßt werden. Der Nominalbetrag wird dazu mit einem Preisfaktor multipliziert. Der Faktor errechnet sich als Barwert der Zinsen und der Rückzahlung, wenn die Anleihe mit sechs Prozent abdiskontiert wird. Der Preisfaktor ist der Preis „einer DM des nominalen Wertes der jeweiligen Anleihe“, bei dem die Anleihe eine effektive Rendite von sechs Prozent erbringt. Der Rechnungsbetrag, den der Käufer bezahlt, ist gleich dem Settlement-Kurs der Futures dividiert durch 100 x Preisfaktor x 250.000 DM + Stückzinsen.

Das Settlementprocedere bestimmt auch die Anzahl zu verkaufender Kontrakte für den Anleihenhedge.

Hedging der CTD-Anleihe

Soll die Cheapest-to-Deliver-Anleihe kursgesichert werden, kann man die optimale Kontraktanzahl mittels des Preisfaktors errechnen. Da die Volatilität der CTD-Anleihe durch den Preisfaktor an die Zinsreagibilität der Futures angepaßt wird, und diese enge Relation durch Arbitragegeschäfte bestehen bleibt, ist als Hedgingrisiko lediglich das Basisrisiko in Kauf zu nehmen. Die Anzahl notwendiger Kontrakte errechnet sich wie folgt:

$$\text{Anzahl Kontrakte} = \frac{\text{Nennwert der abzusichernden Anleihen}}{250.000\ \text{DM}} \cdot \text{PF}$$

wobei

PF = Preisfaktor der CTD-Anleihe

Auch wenn eine derartige Absicherung als nahezu perfekt gilt, muß ein Hedger ein gewisses Risiko einplanen, denn während der Laufzeit des Hedges kann eine der anderen lieferbaren Anleihen zur günstigst lieferbaren werden. Dann besteht die Möglichkeit, daß die abgesicherte Anleihe deutlich weniger zur Arbitrage benutzt wird und sich die Zinsreagibilität der Anleihe von der des Future entfernt. Eine Anpassung der Kontraktanzahl, entsprechend dem nun zu erläuternden Hedgingsystem, kann somit notwendig werden.

Hedging anderer Bundesanleihen

Werden andere Anleihen als die günstigste lieferbare Bundesanleihe gesichert, muß wiederum die Volatilität der zu hedgenden Position zu der Volatilität des Bund-Futures in Beziehung gebracht werden. Dies kann, wie bei der CTD-Anleihe, über die Preisfaktoren geschehen, die für lieferbare Anleihen von der LIFFE veröffentlicht werden. Für die nicht lieferbaren Anleihen muß der Investor einen Preisfaktor errechnen. Da aber eine Arbitrage zwischen den Futures und nicht lieferbaren Anleihen nicht stattfinden kann, wird der Hedge-Erfolg eventuell stark beeinträchtigt. Das Verfahren führt zu akzeptablen Ergebnissen, wenn es sich um Anleihen mit einer Laufzeit von acht bis zehn Jahren handelt.

Die Ermittlung der optimalen Kontraktanzahl kann auch über die CTD-Anleihe geschehen, da diese über den Preisfaktor eine hohe Kurskorrelation zum Future aufweist. Es wird versucht, die Volatilität der Kassaanleihe mit der Volatilität der CTD-Anleihe vergleichbar zu machen. Dies kann zum einen durch eine Stör(Pertubations-)analyse unternommen werden. Dabei wird das Szenario einer bestimmten Renditeänderung durchgerechnet. Zum anderen kann ein Hedge auf der Basis von Duration und Convexity erfolgen.

2.2 Swaps

Das weltweite Wachstum des Swap-Marktes war in den 80er Jahren stark auf Zins- und Währungsswaps konzentriert. Seit Beginn der 90er Jahre rücken durch starke Konkurrenz, da die Preisunterschiede bei Zinsswaps primär durch die Bonität der Swapkontrahenten bedingt sind, innovative Swaps in das Interesse der Investmentbanken. Neben Swaps auf Aktien, Waren und den Asset Swaps, also anderen Underlyings, werden zunehmend exotische Swaps an den Märkten angeboten.

2.2.1 Funktionsweise

Ein Zinsswap ist eine Vereinbarung zwischen zwei Kontrahenten, eine Reihe von Zinszahlungen über einen begrenzten Zeitraum auszutauschen, wobei die Zinszahlungen in derselben Währung, aber unterschiedlichen Charakters sind. Die gängigste Form eines Zinsswaps ist der Tausch von Festzinszahlungen wie zum Beispiel aus Anleihecoupons, gegen Zahlungen in Höhe des zum Zahlungszeitpunkts jeweils gültigen Geldmarktsatzes. Ein Swap ist damit einem FRA sehr ähnlich, wobei der Swap sich über mehrere Perioden erstreckt.

Werden Zinszahlungen in verschiedenen Währungen ausgetauscht, spricht man von einem Cross-Currency Swap. Beim Cross-Currency Swap können sowohl Festzins gegen Festzins wie auch Festzins gegen variable Zinsen oder variable Zinsen gegen variable Zinsen geswapped werden.

Bei Zinsswaps wird generell der Betrag, auf den sich die Zinszahlungen beziehen, während keiner Phase des Swaps getauscht. Es werden lediglich Zahlungen von festen Zinszahlungen durch den Fixed Rate Payer und variablen Zinszahlungen durch den Floating Rate Payer auf einen Nominalbetrag an zuvor festgelegten Zeitpunkten vereinbart. Diese Zeitpunkte sind üblicherweise jährlich, halbjährlich oder vierteljährlich. Wiederum sind wie bei allen Zinsinstrumenten die verschiedenen Konventionen der Zinsberechnung zu berücksichtigen (Jahr mit 360 oder 365 Tagen, Monate mit tatsächlichen Tagen oder mit generell 30 Tagen). Eine einfache Anwendung eines Zinsswaps wäre für ein Unternehmen, das sich am Geldmarkt refinanziert und in den kommenden Jahren steigende Zinsen erwartet, einen Swap einzugehen, bei dem das Unternehmen einen festen Zinssatz über einige Jahre entrichtet und einen variablen Zinssatz erhält. Da der Festzinssatz sich am aktuellen Zinsniveau orientiert und nicht verändert, sind mit dem Swap die jetzigen Refinanzierungskosten für die Zukunft festgeschrieben, ohne daß das Unternehmen tatsächlich Mittel aufnimmt. Dies beruht darauf, daß das Unternehmen jeweils am Geldmarkt geltende Zinsen erhält, so daß bei steigenden Zinsen die zu erhaltenden Zinszahlungen zunehmen. Werden in einigen Jahren dann tatsächlich Mittel benötigt, müssen diese zwar zu einem dann erhöhten Geldmarktsatz aufgenommen werden, doch werden diese höheren Refinanzierungskosten durch die erhöhten Mittelzuflüsse aus dem Swap ganz oder teilweise ausgeglichen.

2.2.2 Preisbildung

Seit den frühen 80iger Jahren wurden und werden einfache Zinsswaps mit einem Spread über Staatsanleihen entsprechender Laufzeit gepriced. Dies bedeutet, daß ein Swap eines 5-Jahres-Festzinssatzes gegen LIBOR sich an der Rendite einer 5jährigen Staatsanleihe orientiert und der Festzinssatz in der Swap-Vereinbarung dann als diese Rendite plus einem Aufschlag festgelegt wird. Der Spread gab meist dem Anbieter des Swaps eine komfortable Marge, um über Futures das Risiko zu hedgen. Diese Swap Spreads existieren auch heute noch, insbesondere da sie es ermöglichen, unabhängig von den Schwankungen des Bondmarktes die Quotes von Swapraten konstant zu halten. Quotiert ein Swapanbieter einen 5-Jahres-DM-Festzinssatz gegen 3-Monats-DM-LIBOR bei 40 Basispunkten, bedeutet dies bei einer Rendite einer Bundesanleihe mit 5 Jahren Restlaufzeit von 5,50 Prozent, daß der Anbieter bereit ist, für 5 Jahre Laufzeit einen Swap von 3-Monats-DM-LIBOR gegen 5,90 Prozent Festzinszahlung einzugehen. Steigt die Rendite der Anleihe auf 5,60 Prozent, bleibt aber der Swap Spread konstant, dann kann ein Swap von 3-Monats-DM-LIBOR gegen 6 Prozent eingegangen werden. Die Anbieter stellen dabei Preise sowohl für FIX gegen FLOATING als auch umgekehrt mit einem Bid-Offer Spread des Swap Spreads. Im Beispiel könnte dieser 45/40 Basispunkte für fünf Jahre lauten.

Eine Vielzahl von Faktoren beeinflussen die Entwicklung der Swap Spreads. Kurzfristig können dies sogar unterschiedliche Erwartungen am Swap- und Bondmarkt über die Notenbankpolitik sein. Wichtiger für das Swap-Pricing jedoch ist die Kenntnis der allgemein anerkannten Pricing-Methodik über Zero-Coupon-Renditen, das im Laufe der frühen achtziger Jahre entwickelt wurde. Es basiert auf der Überlegung, daß auch der komplexeste Swap letztlich aus einer Serie von zukünftigen Zahlungsströmen besteht. Die Zahlungsströme werden auf Basis von Zero-Coupon-Renditen dann diskontiert, um den Wert des jeweiligen Zahlungsstromes zum Zeitpunkt t_0 festzustellen. Zero-Coupon-Renditen sind die Renditen oder rechnerischen Renditen einer Zero-Coupon-Anleihe mit entsprechender Laufzeit. Sie werden als Basis zur Diskontierung deshalb gegenüber den Renditen konventioneller Anleihen bevorzugt, da beim Kauf eines Zerobonds der bis Fälligkeit gehalten wird, die Rendite bei Kauf mit Sicherheit ermittelt werden kann. Bei Anleihen mit Coupons wird diese Sicherheit bei Renditeberechnungen zwar oft unterstellt, sie ist aber de facto nicht existent, da Unsicherheit darüber besteht, zu welcher Rendite die Coupons reinvestiert werden können. Somit sind Zero-Coupon-Renditen die geeignetere Basis für Diskontierungsfaktoren. Dabei ergeben sich jedoch zwei Probleme: Zerobonds werden nicht in jeder Währung in allen Laufzeiten gehandelt und der Zerobond eines mit BBB Rating bewerteten Emittenten weist eine andere Rendite auf, als diejenige, die in einem Swap zwischen zwei AA-Swappartnern als Berechnungsgrundlage dienen sollte. Beide Probleme können durch Ableitung der Zero-Renditen aus anderen Instrumenten wie FRAs, Zinsfutures, Geldmarktsätzen und Kuponanleihen und durch exponentielle Interpolation der Renditen von gehandelten Zerobonds mit anderen Laufzeiten gelöst werden. Es wird dabei eine Zero-Coupon-Rendite errechnet, mit deren Hilfe ein Diskontierungsfaktor ermittelt wird. Die Ableitung der Zero-Renditen aus anderen Instrumenten ist mathematisch komplex und soll an dieser Stelle nicht erläutert werden. Die Ableitung des Diskontierungsfaktors aus der Rendite wiederum kann durch

$$v_K = \frac{1}{(1 + z_K t_K)}$$

wobei

v_K = Diskontierungsfaktor bis Zeitpunkt K
z_K = Zero-Rendite bis Zeitpunkt K
t_K = Zeit vom Handelstag bis Zeitpunkt K

relativ einfach erfolgen.

Eine leichte Anpassung der Formel zu

$$v_K = \frac{1}{(1 + z_K)^{z_K}}$$

berücksichtigt Zinseszinseffekte.

Mit dem so ermittelten Diskontierungsfaktor v_K kann der heutige Wert oder Present Value (PV) des Zahlungsstromes durch Multiplikation mit dem Wert des Zahlungsstromes zum Zeitpunkt K oder Future Value (FV_K) bestimmt werden.

$$PV = v_K \cdot FV_K$$

Um einen Swappreis zu ermitteln, müssen nun alle aus dem Swap entstehenden Zahlungsströme diskontiert werden. Bei den Festzinszahlungen ist dies nach Ermittlung der entsprechenden Diskontierungsfaktoren einfach zu bewerkstelligen, denn neben dem Zeitpunkt der Zahlungen ist auch die genaue Höhe vorab bekannt. Nicht so jedoch bei den Floating-Zahlungsströmen, da die Geldmarktsätze der Zukunft unbekannt sind. Es gibt jedoch einen Markt für die Geldmarktsätze der Zukunft, nämlich kurzfristige Zinsfutures und FRAs. Zum einen können damit die in diesen beiden Instrumenten implizierten Geldmarktsätze für die Zukunft als Grundlage zur Swap-Berechnung dienen und zum anderen können die Risiken aus den Swaps über diese Instrumente gesichert werden. Damit besteht zwar, wie auch am FRA-Markt, keine Sicherheit über künftige Geldmarktrenditen, aber es ist unproblematisch, diese Markterwartung für das Swap-Pricing zu übernehmen, da das Risiko über FRAs und Futures gesichert werden kann. Basierend auf dem zum FRA-Pricing Ausgeführten, können die Forward-Rates aus den FRAs und Zinsfutures ermittelt werden. Diese Zinssätze werden dann als die in der Zukunft zu den Zahlungszeitpunkten geltenden Geldmarktrenditen vorausgesetzt. Es sei noch einmal angemerkt, daß mit langer Laufzeit des Swaps diese Markterwartung zwar mit großer Wahrscheinlichkeit die Geldmarktrenditen nicht exakt voraussagen, so daß die im Swap dann tatsächlich zu leistenden Zahlungsströme höher oder niedriger sein werden, als beim Pricing angenommen. Bei einer entsprechenden Absicherung mit Futurs oder FRAs werden diese aus dem Swap entstehenden Gewinne oder Verluste bei FRAs und Futures aber wieder ausgeglichen.

Bisher wurden der Present Value der Festzinszahlungen und die Höhe der Floating-Zahlungen ermittelt. Um den Swap zu pricen wird nun der Present Value der Floating-Zahlungen in derselben Weise wie bei den Festzinszahlungen berechnet.

Da der Swap lediglich ein Austausch von Zahlungsströmen ist, wird bis auf den Bid-Ask Spread keine der Parteien eine Prämie oder ähnliches wie bei Optionen erhalten. Um nun den Austausch fair zu gestalten, müssen also die beiden Present Values identisch sein. Dies bestimmt dann den Swap Spread oder die Swapraten. So erhielt im zu Anfang des Abschnitts genannten Beispiel der Halter eines 5-Jahres-Bondes zwar 5,50 Prozent Festzinsen und ein erstes Pricing könnte deshalb ausgehen von Festzinszahlungen von 5,50 Prozent. Durch den Present Value der Floating-Zahlungen würde sich dann aber ergeben, daß die Festzinszahlungen höher sein müssen, um identische Present Values für den Swap zu erhalten. Durch Iteration würde dann festgestellt, faires Pricing des Market-Makers vorausgesetzt, daß beide Present Values bei einer Festzinszahlung von 5,90 Prozent identisch sind. Somit läge die Swap-Quote 40 Basispunkte über der Rendite der Anleihe.

Sind beide Present Values identisch, spricht man von einem Net Present Value von Null.

2.2.2.1 Währungsswaps oder Cross-Currency Swaps

Die Unterschiede zwischen Cross-Currency Swaps und einfachen Zinsswaps reduzieren sich darauf, daß die Währungen der beiden Seiten unterschiedlich sind, was auch Fixed Rate gegen Fixed Rate Swaps und Floating Rate gegen Floating Rate Swaps ermöglicht. Zudem wird beim Cross-Currency Swap teilweise auch zu Beginn des Swaps, immer aber bei Fälligkeit der Swaps, zusätzlich das Notional ausgetauscht.

Ob zu Beginn das Notional, das oft als Principal bezeichnet wird, getauscht wird, ist irrelevant, da dies wenn gewünscht von jedem Kontrahenten des Swaps als Devisenkassageschäft im Markt vollzogen werden kann. Der Tausch des Notional am Ende der Swap-Laufzeit vereinfacht die Berechnung und beseitigt ein ansonsten bestehendes Währungsrisiko. Um dies zu verdeutlichen, noch einmal zurück zum einfachen Zinsswap:

Der Tausch von Festzins gegen Floating kann auch dadurch erreicht werden, daß ein Kontrahent 1 anstatt die Floating-Zinssätze zu entrichten, dem Kontrahenten 2 den Notional Amount unentgeltlich zur Verfügung stellt. Kontrahent 2 legt die Summe am Geldmarkt an und erhält daraus seine Floating Payments. Am Ende der Swap-Laufzeit gibt Kontrahent 2 das Notional an Kontrahent 1 zurück. Dieses Exchange of Principal ersetzt also die Floating Payments.

Nimmt man an, daß zwei dieser Exchange of Principal Swaps in unterschiedlichen Währungen eingegangen werden, ist man bereits beim Cross-Currency Swap angelangt. Kontrahent 1 sei Fixed Payer in einem DM-Swap gegen Floating. Kontrahent 2 bezahlt nicht die Floating-Sätze, sondern stellt zu Beginn das DM-Notional dem Kontrahenten 1 zur Verfügung. In einem zweiten Zinsswap sei Kontrahent 1 Floating Payer. Kontrahent 1 stellt statt Zahlung dem Kontrahenten 2 das US$-Notional zur Verfügung. Kontrahent 2 bezahlt Festzinszahlungen in US$ an Kontrahent 1.

Laufzeitbeginn:

DM-Swap

Festzins DM →

Kontrahent 1 Kontrahent 2

← DM-Principal

US$-Swap

US$-Principal →

Kontrahent 1 Kontrahent 2

← Festzins US$

Gesamtposition = Cross-Currency Swap

Festzins DM, US$-Principal →

Kontrahent 1 Kontrahent 2

← Festzins US$, DM-Principal

Da zu Ende der Laufzeit beider Swaps die Kontrahenten ihr jeweiliges Notional zurückerhalten müssen, denn es wurde letztlich als Ausgleich für Floating-Zahlungen überlassen, werden US$- und DM-Principal am Ende wieder getauscht. Damit hat keiner der Kontrahenten ein Währungsrisiko und die beiden Zinsswaps entsprechen einem Cross-Currency Swap Fix DM gegen Fix US$. Für das Pricing des Fix/Fix Cross-Currency Swaps ergibt sich hieraus, daß ein fairer Preis, also ein Net Present Value von Null, dann erreicht wird, wenn die Festzinssätze des Swaps genau den fairen Festzinssätzen der beiden Zinsswaps in unterschiedlicher Währung entsprechen. Durch das Exchange of Principals können also alle Cross-Currency Swaps als Kombination von Zinsswaps in unterschiedlichen Währungen gepriced werden.

2.2.2.2 Equity Swaps

Unter Equity Swaps, deren Volumina am Markt weit geringer sind als diejenigen der Zinsswaps, werden verschiedene Swaparten zusammengefaßt. Die gebräuchlichsten Swaps sind Equity Index Swaps oder Aktienindexswaps, bei denen die Wertentwicklung eines Aktienindex gegen einen Geldmarktsatz geswapped wird. Ferner sind Swaps von Einzelaktien gegen Geldmarktsatz, von Einzelaktien gegen andere Einzelaktien, von Indices gegen Indices wie auch von Einzelaktien gegen Indices unter dem Begriff subsumiert. Das Pricing von Equity Swaps gleicht sehr stark dem Pricing von Forwards oder Futures auf Aktien und Aktienindices. Dies beruht darauf, daß keine der Zahlungen mit Sicherheit vorab bestimmt werden kann, denn anstatt der Festzinszahlungen beim Zinsswap steht ein nicht zu prognostizierender Aktienindex. Wie bei dem Floating Leg des Zinsswaps ist diese Unsicherheit jedoch keineswegs problematisch, da sie mit Aktienindexfutures oder am Aktienkassamarkt gesichert werden kann.

Beim Equity Swap ist in der Regel vereinbart, daß der Equity Leg des Swaps erst am Ende der Laufzeit des Swaps bezahlt wird. Bestehen beide Teile des Swaps aus Equity-Instrumenten, finden oft während der Laufzeit des Swaps keine Zahlungen statt. Aufgrund der hohen Volatilität bei Aktien im Vergleich zu den Zinsmärkten, können die am Ende zu leistenden Zahlungen durchaus 30 bis 40 Prozent des Principals ausmachen. Um die Zahlungsfähigkeit der Kontrahenten zu garantieren, wird deshalb je nach Bonität auch nicht selten auf Sicherheitsleistungen zurückgegriffen, die ähnlich dem Marginsystem bei den Futures-Börsen, dann in regelmäßigen Abständen angepaßt werden. Bei Equity Swaps gegen Geldmarktsätze entspricht die Behandlung letzterer derjenigen des Zinsswaps. Sind die Geldmarktsätze der Zukunft ermittelt, entspricht der Equity Swap aber genau einem langlaufenden Aktienindexfuture und das Pricing kann wieder über die APT erfolgen.

Der Halter eines Indexportfolios kann so sein Aktienkursrisiko eliminieren, indem er einen Equity Swap eingeht, bei dem er die Wertentwicklung des Index an einen Kontrahenten 2 bezahlt und dafür jeweils den Geldmarktsatz auf das Principal erhält. Dann wird er bei Kurssteigerungen bis zum Ende der Laufzeit einen Betrag in Höhe dieser prozentualen Kurssteigerung, gerechnet auf das Principal, an den Kontrahenten 2 bezahlen müssen. Zugleich ist aber der Wert seines Portfolios um denselben Betrag gestiegen. Umgekehrt verhält es sich, sollte der Kurs des Index bis zum Ende der Swaplaufzeit fallen. Dann ist der Wert des Portfolios gesunken, was aber dadurch ausgeglichen wird, daß Kontrahent 2 den prozentualen Kursrückgang, bezogen auf das Principal, an Kontrahent 1 entrichten muß. Somit eliminiert Kontrahent 1 Kurschancen und Kursrisiken aus seinem Aktienportfolio gegen den Erhalt des Geldmarktsatzes. Dies entspricht wiederum dem sofortigen Verkauf seines Portfolios und der Anlage der Mittel am Geldmarkt. Der Preis des Equity Swaps ist also genau wie der Aktienindexfuturepreis zu ermitteln, denn der Verkauf der Indexreturns durch den Swap entspricht ökonomisch exakt dem Verkauf eines Indexfutures. Wie oben gezeigt, ist zugleich der Verkauf der Returns durch den Swap identisch mit dem Verkauf des Portfolios. Dies gilt auch umgekehrt für den Kauf der Indexreturns durch einen Swap, der exakt durch den Kauf eines Portfolios ersetzt werden kann. Somit werden Preise von Equity Swaps analog dem Pricing von Indexfutures errechnet, wobei auch die Dividendenproblematik absolut identisch ist. Es sei hier noch einmal auf Abschnitt 2.1.4.1 verwiesen. Im Unterschied zu Futures ist bei den Swaps aushandelbar, ob der Käufer der Equity Returns auch die Dividenden erhält oder ob diese beim Verkäufer der Equity Returns verbleiben. Entsprechend kann eine Anpassung um die Dividenden bei der Benutzung der Futures-Formel notwendig sein.

2.2.3 Exotische Swaps

Durch eine Anpassung der Vertragsbedingungen an die Bedürfnisse der Kontrahenten kann jeder einzelne Zahlungsstrom separat definiert werden. So ist vorstellbar, Principal wie auch Währungen zu verändern und eine Serie von Festzinszahlungen durch Floating-Zahlungen zu unterbrechen, Zahlungen zu vereinbaren, die dem Geldmarktsatz im Quadrat entsprechen wie auch vieles mehr. Eine Reihe von Anpassungen wird in der Praxis häufiger vorgenommen und verdient deshalb allgemein übliche Bezeichnungen. Diese werden nun kurz vorgestellt.

Veränderung des Notional oder Principal

Wird das Principal über die Swaplaufzeit größer, spricht man von einem Accreting oder Step-up Swap. Im umgekehrten Fall von einem Amortising Swap. Nimmt das Principal in manchen Perioden zu und in anderen ab, spricht man von einem Rollercoaster Swap.

Basis Swap

Ein Zinsswap, bei dem in der gleichen Währung verschiedene Floating Rates getauscht werden ist ein Basis Swap. Dies kann zum Beispiel LIBOR gegen den Return eines Commercial Papers sein. Ferner wird als Basis Swap bezeichnet, wenn innerhalb des gleichen Instrumentes verschiedene Fälligkeiten geswapped werden, wie zum Beispiel der 3-Monats-DM-LIBOR gegen den 6-Monats-DM-LIBOR.

Forward-Start Swap

Beim Forward-Start Swap werden zwar Zinssätze sofort vereinbart, das Datum ab dem eine Zinsberechnung stattfindet, kann jedoch mehrere Monate in der Zukunft liegen.

Zero-Coupon Swap

Bei diesem Swap wird die Reihe von Festzinszahlungen durch eine einzige Zahlung zu Beginn oder am Ende der Laufzeit des Swaps substituiert.

Diff Swap

Beim Differential oder Diff Swap werden ähnlich dem Basis Swap zwei Floating-Zinszahlungen getauscht, so daß die Referenzzinssätze Geldmarktsätze in verschiedenen Währungen sind. Die Zahlungen selbst aber finden nur in einer Währung statt und beziehen sich auf ein Principal in einer Währung. Ein Swap über 10 Millionen US$, bei dem ein Kontrahent US$-LIBOR bezahlt und dafür DM-LIBOR – 1 Prozent erhält, alle Zahlungen jedoch in US$ erfolgen, ist ein Beispiel für einen Diff Swap.

2.2.4 Asset Swaps

Der Begriff des Asset Swap wird in der Praxis in verschiedenen Zusammenhängen benutzt. Investmentbanker mit Aktienerfahrung subsumieren darunter oft den Tausch von Aktien- oder Aktienindexzahlungsströmen, was jedoch durch den Begriff des Equity Swap genauer charakterisiert werden kann. Bei einer exakten Begriffsabgrenzung ist ein Asset Swap immer ein Zinsinstrument. Er setzt sich aus zwei Bestandteilen zusammen, einer Anleihe und einem Swap, weshalb auch die Bezeichnung Asset Swap Package oft verwandt wird.

Ziel des Asset Swaps ist es, eine festverzinsliche Anleihe durch einen Zinsswap in eine variabel verzinsliche Anleihe zu wandeln. Für wen ist dies am Kapitalmarkt von Interesse? In erster Linie zunächst für Banken, die variabel verzinsliche Passiva in Form von Termingeldern oder Spareinlagen ihrer Privatanleger in ihrer Bilanz aufweisen. Banken erzielen eine Zinsmarge durch Ausleihungen und Anlage dieser Mittel. Investiert eine Bank aber kurzfristige Passiva in langlaufende Anleihen, ist sie durch diese Fristentransformation einem nicht unerheblichen Risiko bei einem Zinsanstieg ausgesetzt. Deshalb wird zur Risikobegrenzung ein Teil der kurzfristigen Passiva zu variablen Konditionen an Kreditnehmer weitergegeben oder langfristig investiert. Was jedoch, wenn Unternehmen keine Kredite nachfragen oder nur zu Konditionen, die der Bank zu niedrig erscheinen? Wie investiert die Bank X, die einem Unternehmen eine Kreditlinie gewährt hat, ihre Mittel wenn das Unternehmen die Kreditlinie der Bank Y in Anspruch nimmt?

Beide Probleme können möglicherweise durch einen Asset Swap effizient gelöst werden. Hat in der Vergangenheit das obige Unternehmen Anleihen emittiert, die noch ausstehen, kann die Bank X diese Anleihen erwerben und in variabel verzinsliche Asset Swaps swappen. Dadurch werden variable Passiva in variable Aktiva investiert, ohne auf die tatsächliche Kreditnachfrage des Unternehmens angewiesen zu sein. Da der Zinsswapmarkt sehr liquide ist, ist die Rendite des Asset Swap Packages primär ein Ergebnis des Kurses, zu dem die Anleihe erworben werden kann. Hierin liegen die renditeträchtigsten Chancen für Banken und die interessanteste kapitalmarkttheoretische Funktion der Asset Swaps: Asset Swaps sind letztlich eine Arbitrage der Festzinsmärkte durch die variabel verzinslich anlegenden Banken, um eine im Vergleich zum Kreditgeschäft höhere Marge zu erzielen. Mit der Kenntnis, daß die Marge primär eine Frage des Bondpreises ist, ist dies leicht zu verstehen.

Anleger in festverzinslichen Anleihen, wie zum Beispiel Investmentfonds, tätigen ihre Anlagen nach bestimmten Kriterien. Die wesentlichsten sind dabei die Zinserwartungen und Währungserwartungen. Sollte nun ein Fondsmanager einen starken Kursrückgang einer Währung erwarten oder auf einen solchen reagieren müssen, wird er Anleihen in dieser Währung verkaufen. Dasselbe gilt, wenn der Fondsmanager einen Zinsanstieg in einem bestimmten Land erwartet. Dann wird er langlaufende Anleihen dieses Landes verkaufen. Summa summarum werden also durch Präferenzen der Festzinsanleger, die oft bei vielen Anlegern ähnlich sind, Bonds in bestimmten Währungen unter Verkaufsdruck geraten. Unabhängig davon, ob zum Beispiel die Währung danach fällt und die Entscheidung richtig war, werden die Anleihen dann oft unter dem Wert gehandelt, den sie für einen Floating Rate Investor haben. Dieser erwirbt dann beispielsweise Industrieanleihen und swapped diese in einen variablen Zinssatz und in die Währung, in der seine Passiva denominiert sind. Die Fondsmanager, die deshalb durchaus keine falsche Entscheidung getroffen haben, verhelfen durch ihre Präferenzen somit zu einer variablen Rendite in einer anderen Währung, die über dem Zinssatz liegt, die die Bank durch Kredite an das Privatunternehmen erreicht hätte. Asset Swaps umfassen zunehmend auch komplexere Anleihen wie Wandelanleihen und Collared Floating Rate Notes. Die Geldmarktfonds, die natürlich ebenfalls kurzfristige Passiva investieren müssen, werden sich zudem als weitere Käufergruppe von Asset Swap Packages einen Namen machen. Dabei können zusätzlich steuerliche Überlegungen von großer Bedeutung sein. Asset Swaps helfen hier, einfache Geldmarktanlagen der Packages mit geringen Kupons und Kursgewinnen zu ersetzen, was für Privatanleger in Deutschland bekanntlich von nicht geringem Interesse sein kann.

2.3 Europäische und Amerikanische Optionen

Den bisher betrachteten Instrumenten zur Risikosteuerung war gemeinsam, daß sie eine lineare Risikostruktur beinhalten. Damit können Risiken aus Positionen im Underlying eliminiert werden, nicht jedoch ohne die Chancen ebenfalls zu eliminieren. Diese Instrumente eignen sich also, um Unsicherheit durch Gewißheit zu ersetzen. Da bei Optionen dagegen Risiken gegen Prämie begrenzt werden können, zugleich aber Chancen erhalten bleiben, ist das Optionspricing kein rein mathematisches Problem.

2.3.1 Der Optionspreis

In allen Modellen zur Ermittlung des Optionspreises werden bestimmte Axiome gesetzt und ein objektiv fairer Preis einer Option existiert damit nicht. Das Optionspricing setzt immer eine mit Unsicherheit belegte Schätzung mindestens einer Größe, der zukünftigen Volatilität des Underlyings, voraus. Dadurch existieren verschiedene „faire" Optionspreise. Bei einfachen Optionen liegen die Preise der Optionen wegen ähnlicher Schätzungsmethoden verschiedener Marktteilnehmer aber meist dicht beisammen. Die grundlegenden Definitionen von Calls und Puts im Abschnitt 1.3.3 haben gezeigt, daß der Käufer einer Option gegen eine Prämienzahlung ein Recht erwirbt, aber keine Verpflichtung eingeht. Der Preis dieses Rechtes setzt sich aus zwei Komponenten zusammen, dem sogenannten Inneren Wert (Intrinsic Value) und einer Zeitprämie (Extrinsic Value oder Time Value).

2.3.1.1 Innerer Wert

Der Intrinsic Value einer Call-Option ist die Differenz von aktuellem Preis des Underlyings minus des Strike-Preises, falls diese Differenz größer Null ist. Der Intrinsic Value einer Put-Option ist die Differenz von Strike-Preis minus dem aktuellen Preis des Underlyings, falls diese Differenz positiv ist. Der Innere Wert einer Option ist derjenige, den der Käufer bei sofortiger Ausübung der Option, sofern möglich, realisieren kann. Da zum Beispiel der Käufer einer Call-Option ein auf die Optionsprämie begrenztes Risiko trägt, wäre eine Option, die nur zum Inneren Wert notiert, im Vergleich zum Underlying zu günstig, denn der Käufer des Underlyings trägt das größere Risiko eines Kursrückgangs auf Null. Daher muß vereinfacht formuliert für das geringere Risiko bei der Option eine zusätzliche Prämie zum Ausgleich entrichtet werden, die Zeitprämie.

2.3.1.2 Zeitprämie

Der Zeitwert ist bei den Optionen, die keinen Inneren Wert haben, den Out-of-the-money-Optionen und den At-the-money-Optionen, gleich der Gesamtprämie der Option. Bei At-the-money-Optionen sind Basispreis und Preis des Underlyings identisch, bei Out-of-the-money-Optionen ist bei Calls der Basispreis über, bei Puts unter dem Preis des Underlyings. Bei Optionen, die einen Inneren Wert haben, den In-the-money-Optionen, ist die Zeitprämie gleich der Differenz von Gesamtprämie minus Innerem Wert. Die stark vereinfachte aber logisch wohl eingängigste Begründung für die Existenz einer Zeitprämie findet sich bei der Out-of-the-money-Option. Zwar besitzt diese keinen Inneren Wert, so daß bei sofortiger Ausübung der Option der Käufer nichts erhalten würde. Es wird jedoch für die Chance, daß die Option durch Kursanstieg oder -rückgang des Underlyings an Innerem Wert gewinnt, eine Prämie entrichtet. Diese Chance wird um so größer, je länger die Restlaufzeit der Option ist. Somit wird der Zeitwert der Option mit längerer Laufzeit steigen.

Eine genaue Quantifizierung des Zeitwerts wird bei allen gängigen Optionspreismodellen nicht getrennt vom Inneren Wert vorgenommen. Die Modelle liefern vielmehr Theorien und Lösungen zur Berechnung der Gesamtprämie von Optionen. Der Zeitwert kann dann durch Subtraktion des Inneren Wertes von der Gesamtprämie ermittelt werden, falls erwünscht. Die Trennung von Innerem Wert und Zeitwert dokumentiert anschaulich die Überlegungsschritte bei der Entwicklung von Optionspreismodellen und wird dem neu an der Materie Interessierten meist zur Vereinfachung des Gesamtpricings vorgestellt. Es sei noch einmal angemerkt, daß diese Trennung in der Praxis nur wenig Bedeutung hat und Optionspreismodelle nicht durch getrennte Ermittlung von Innerem Wert und Zeitwert den Optionspreis errechnen, sondern die Gesamtprämie direkt berechnen. Die Modelle berücksichtigen dabei bestimmte Faktoren, auf die nun eingegangen werden soll.

2.3.1.3 Determinanten des fairen Optionspreises

Bei den Ausführungen zum Zeitwert war einfach nachzuvollziehen, daß mit längerer Laufzeit der Zeitwert der Option steigen muß. Die Zeit bis zum Verfall der Option ist somit eine erste wichtige Determinante des Preises. Der Preis des Underlyings und der Basispreis der Option, die beiden Faktoren, die den Inneren Wert der Option bestimmen, sind natürlich weitere unverzichtbare Determinanten des Optionspreises. Die kurzfristigen risikolosen Zinssätze gehen ebenfalls in jede Berechnung des jedes Optionspreises ein.

Dies ist am *Beispiel* einer Call-Option am einfachsten zu erklären. Der Call gibt dem Käufer das Recht, ein Underlying in der Zukunft zu erwerben. Will der Verkäufer des Calls sicher gehen, daß er das Underlying zum aktuell gehandelten Preis erwerben kann, um es am Verfalltag zu liefern, muß er das Underlying sofort erwerben. Den Erwerb des Underlyings muß er am Geldmarkt refinanzieren beziehungsweise es entgeht ihm die Geldmarktrendite auf das eingesetzte Kapital, falls er das Kapital besitzt. Darum wird er den risikolosen Zinssatz bis zum Verfallzeitpunkt der Option mit in den Preis einbeziehen, zu dem er bereit ist, die Option zu verkaufen. Ein steigender Geldmarktzins bedeutet somit steigende Call-Preise und reziprok ein fallender Geld-marktzins fallende Call-Preise. Für Puts gilt die spiegelbildliche Relation. Der Verkäufer eines Puts ist verpflichtet, vom Käufer des Puts ein Underlying zum Basispreis zu erwerben, sollte der Käufer das Underlying bei Optionsfälligkeit veräußern wollen. Um sicher zu sein, daß er das Underlying zu einem aktuell gehandelten Preis veräußern kann, muß der Put-Verkäufer das Underlying sofort „short" verkaufen. Aus dem Short-Verkauf, also dem Verkauf des Underlyings ohne es zuvor besessen zu haben, fließen dem Verkäufer der Puts liquide Mittel zu, die er am Geldmarkt investieren wird. Erhält er hohe Zinsen für sein Geldmarktinvestment, kann er den Put zu einem günstigeren Preis verkaufen, als bei niedrigen risikolosen Zin-sen, da sein Gesamtreturn für das eingegangene Engagement für ihn von Bedeutung ist. Bei niedrigen Zinserlösen am Geldmarkt wird damit entsprechend der Preis des Puts höher sein als bei hohen Zinsen. Mit fallenden Geldmarktrenditen fallen Call-Preise und steigen Put-Preise, mit steigenden Geldmarktrenditen steigen Call-Preise und fallen Put-Preise. Risikolose Renditen und Call-Preise sind deshalb positiv korreliert, risikolose Renditen und Put-Preise sind negativ korreliert.

Die fünfte Determinante ist die in der Praxis am schwierigsten zu bewertende Determinante, die erwartete oder künftige Volatilität des Underlying. Sie soll deshalb ausführlicher betrachtet werden.

2.3.1.4 Volatilität und Volatilitätsschätzung

Als Volatilität bezeichnet man die Schwankungsbreite der Kurse des Underlyings innerhalb eines bestimmten Zeitraumes. Die historische Volatilität eines Underlyings ist vergleichsweise einfach zu ermitteln, doch muß diese Schwankungsbreite der Vergangenheit nicht unbedingt in der Zukunft ebenfalls gelten. Warum nun ist die zukünftige Volatilität für den Optionspreis von Bedeutung? Weder Käufer noch Verkäufer der Option wissen zum Zeitpunkt des Handels einer Option, wie der Kurs des Underlyings am Verfalltag der Option sein wird. Wäre die zukünftige Volatilität bekannt, würde sie eine kleine Hilfestellung dazu liefern. Dann wäre zwar der Preis des Underlyings bei Verfall und damit der Innere Wert der Option bei Verfall immer noch nicht bestimmbar, aber es wäre eine Bandbreite bekannt, innerhalb derer der Preis des Underlyings notieren würde. Diese Bandbreite versucht man im Optionshandel durch die historische Volatilität und durch Volatilitätsmodelle für zukünftige Volatilität zu schätzen. Erwartet man eine hohe Volatilität, sind die Chancen des Optionskäufers, daß die Option an Wert gewinnt, größer als bei geringer Volatilität. Nimmt man den Extremfall für geringe Volatilität an, nämlich Volatilität = 0 Prozent, so erwartet man keine Kursveränderung des Underlyings. Dann würde der Intrinsic Value einer Option sich bis zum Verfall nicht verändern. Zugleich würde der Zeitwert mit abnehmender Laufzeit immer geringer, bis er schließlich bei Verfall der Option gleich Null wäre. Wäre diese zukünftige Volatilität mit Sicherheit bekannt, würde der Käufer der Option mit Sicherheit den Zeitwert verlieren. Somit steigen seine Chancen vice versa mit steigender Volatilität. Mit steigender erwarteter Volatilität steigen somit Optionspreise. Dies gilt für Calls als auch für Puts. Die in einem Optionspreis enthaltene erwartete Volatilität wird auch Implizierte Volatilität oder Implied Volatility genannt.

Von den fünf genannten Determinanten des Optionspreises sind die ersten vier objektiv zu bestimmen. Die zukünftige Volatilität als fünfte Determinante kann nur individuell geschätzt werden und ist der Grund dafür, daß ein einziger fairer Optionspreis nicht existiert.

Der Handel mit Optionen ist deshalb sehr stark ein Handel mit Erwartungen, die die letztlich geforderte Risikoprämie oder Optionsprämie beeinflussen. Optionshandel wird deshalb oft auch als Volatilitätshandel bezeichnet. Zur Schätzung der erwarteten Volatilität werden in der Praxis verschiedene Hilfestellungen angewandt. Um diese untersuchen zu können, zunächst noch eine exaktere Definition:

Volatilität ist die annualisierte Standardabweichung der Erträge eines Underlyings.

Wie in Abschnitt 1.2.3 ausführlicher dargestellt, geht die Modern Portfolio Theory davon aus, daß Kurse und Renditen an Finanzmärkten dem Random Walk folgen, also durch die Gesetze des Zufalls bestimmt sind. Dann sind sie nach der Statistik standardnormalverteilt. Die Standardnormalverteilung oder Gauss'sche Normalverteilung ist gekennzeichnet durch einen Mittelwert (siehe Abschnitt 1.2.3) und eine beidseitig gleichverteilte Streuung um den Mittelwert. Diese Streuung wird Standardabweichung genannt.

Bei der Standardnormalverteilung liegen 68,3 Prozent der Verteilung und somit 68,3 Prozent aller Renditen innerhalb einer Streuungsbreite von ± einer Standardabweichung vom Mittelwert. Innerhalb von ± zwei Standardabweichungen liegen 95,4 Prozent der Verteilung. Wären so zum Beispiel statistisch die Returns aus deutschen Aktien pro Jahr über einen 30-Jahres-Zeitraum bei etwa 12 Prozent Mittelwert und einer Standardabweichung von ± 10 Prozent, dann führt die Annahme der Standardnormalverteilung zu den folgenden Aussagen: Während im Durchschnitt (Mittelwert) eine Anlage in deutschen Aktien einen Return von 12 Prozent p. a. verspricht, wird mit 68,3 Prozent Wahrscheinlichkeit ein jährlicher Return zwischen 22 Prozent (12 + 10) und 2 Prozent (12 – 10) erzielbar sein und mit 95,4 Prozent Wahrscheinlichkeit ein Return zwischen 32 Prozent (12 + 2 x 10) und – 8 Prozent (12 – 2 x 10) erreicht werden.

Volatilität mathematisch

Volatilität als die annualisierte Standardabweichung der Erträge festzustellen, erfordert zunächst den Ertrag oder Return des Underlyings zu messen. Traditionell ist der Ertrag die prozentuale Veränderung des Preises (S) zwischen dem Anfangszeitpunkt (t) und dem darauffolgend festgestellten Preis S_{t+1}. Der traditionelle Return (tR) ist dann

$$tR = (\frac{S_{t+1}}{S_t} - 1).$$

Diese Prozentrechnung liefert ein unerwünschtes Ergebnis, wenn mehrere Perioden und Preisveränderungen betrachtet werden, wie es für die Statistik unabdingbar ist. Nehmen wir einen Preisanstieg um 10 Prozent an, gefolgt von einem Preisrückgang um 10 Prozent. Da 10 Prozent – 10 Prozent = 0 ist und die Schwankungsbreite gemessen werden soll, verfällt man leicht der Versuchung, anzunehmen, das Underlying hätte sich zum Beispiel von 1.000 auf 1.100 und zurück auf 1.000 bewegt. Dann hätte man einfach die Prozentveränderungen summiert (10 Prozent – 10 Prozent = 0) und dies auf das Underlying übertragen. Diese Denkweise ist durchaus diejenige der Volatilitätsberechnung, erfordert aber eine Anpassung der mathematischen Definition des Returns. Grund dafür ist, daß S_{t+1} nach einem Anstieg um 10 Prozent zwar bei 1.100 nach obiger Formel notiert. Der Kursrückgang von 10 Prozent gerechnet auf das dann gültige S von 1.100 ist aber 10 Prozent von 1.100, also 110, wodurch S_{t+1} nach der zweiten Periode 990 ist. Bei der Beobachtung mehrerer Perioden hilft der Logarithmus ln. Der mathematische Beweis hierfür ist einem Lehrbuch der Mathematik leicht zu entnehmen. Definiert man den Return R als

$$R = \ln(\frac{S_{t+1}}{S_t})$$

und löst die Formel nach S_{t+1} auf, dann wäre im obigen Beispiel

$$S_{t+1} = 1.000 \cdot e^{+0,10} = 1.105,20 = S_1$$

und

$$S_{t+1} = 1.105,20 \cdot e^{-0,10} = 1.100 = S_2$$

wobei e als Kernwert des natürlichen Logarithmus ln bei der Auflösung der Formel eingeführt wird, denn für die Euler'sche Zahl e (rund 2,71828) gilt allgemein:

$$\ln_a = x \Leftrightarrow a = e^x$$

Die Volatilität als annualisierte Standardabweichung der Returns ist gleich der Standardabweichung der stochastischen Standardnormalverteilung, da die Returns nach Annahme der Random Walk Theorie standardnormalverteilt sind. Damit ist die Volatilität gleich dem Sigma (σ) der Standardnormalverteilung.

$$\text{Volatilität} = \sigma \sum_{i=1}^{N} \frac{(x-\mu)^2}{N-1}$$

Um sie zu ermitteln wird zusätzlich der in der Stochastik Erwartungswert genannte Mittelwert der Verteilung My (μ) benötigt.

$$\mu = \sum_{i=1}^{N} \frac{x_i}{N}$$

wobei

N = Anzahl von Beobachtungen
x_i = der i-te Return R

Um die annualisierte Volatilität zu erhalten, wird man zum Beispiel bei Pricing auf Basis der Closing-Preise jedes Handelstages das Sigma mit der Quadratwurzel der Zahl der berücksichtigten Handelstage multiplizieren.

Schätzung von Volatilität

Die Schätzung der künftigen Volatilität basiert in der Praxis sehr stark auf der historischen Volatilität eines Underlyings. Ein erfahrener Optionshändler wird beim Optionspricing und der dazu erforderlichen Schätzung eine wesentliche Unterscheidung nach dem Underlying treffen. Ist so eine Option auf ein Underlying zu pricen, auf das ein reger und liquider Optionshandel stattfindet, gibt es keinen Grund, sich nicht an der durch den Markt gebildeten implizierten Volatilität beim eigenen Pricing zu orientieren. Besteht darüber hinaus die Meinung, daß der Optionsmarkt künftige Ereignisse nicht berücksichtigt hat, die die Volatilität stark beeinflussen könnten, wird ein Händler kleine Abweichungen von der Marktvolatilität annehmen. Hierzu sei angemerkt, daß die Wahrscheinlichkeit, daß ein einzelner Marktteilnehmer Ereignisse kennt, die vom Rest des Marktes nicht berücksichtigt werden, wohl gering ist. Nicht ganz so einfach ist das Pricing bei Optionen auf Underlyings, für die kein Optionsmarkt oder reger OTC-Handel existiert. Dies ist bei den meisten Optionen auf Einzelaktien, Optionen auf Spreads, also Differenzen zwischen verschiedenen Indices und/oder Aktien und bei Optionen auf Assets in den Emerging Markets der Fall. Dann ist die individuelle Schätzung der wichtigste Faktor des Pricings. Sind Ereignisse wie Pressekonferenzen oder Hauptversammlungen, Zentralbanksitzungen oder politische Ereignisse und alle weiteren, möglicherweise die Volatilität beeinflussenden Faktoren, im voraus bekannt, werden diese Einfluß auf die Schätzung haben. Die Volatilität für Optionen einer Unternehmung, die eine außerordentliche Pressekonferenz angekündigt hat, wird so eher über der historischen Volatilität anzusetzen sein, als darunter. In der Praxis weit bedeutender sind aber stochastische Methoden zur Schätzung. Hierbei werden Versuche unternommen, festzustellen, ob die Preise der Underlyings bestimmte regelmäßige Volatilitätsveränderungen aufweisen und wie Veränderungen in der Volatilität sich generell vollziehen. Die historische Volatilität wird dabei auf verschiedene Zeiträume hin untersucht. Um das Risiko der eigenen Volatilitätsschätzung quantifizieren zu können, ist eine Analyse der Volatilität der historischen Volatilität sehr nützlich. Es wird damit untersucht, ob die Schwankungen der Volatilität annähernd normalverteilt sind. Ist dies gegeben, kann eine Standardabweichung der historischen Volatilität berechnet werden. Nehmen wir an, die historische Volatilität einer Aktie sei annähernd normalverteilt und habe einen Mittelwert m bei annualisiert 15 Prozent. Die Standardabweichung dieser Volatilität betrage 5 Prozent. Dann wird mit der historisch höchsten Wahrscheinlichkeit die Volatilität des Underlyings 15 Prozent betragen, mit einer Wahrscheinlichkeit von 68,3 Prozent wird sie zwischen 10 Prozent und 20 Prozent liegen und mit einer Wahrscheinlichkeit von 95,4 Prozent zwischen 5 Prozent und 25 Prozent (15 $\pm$ 2 x 5). Würde ein Händler eine Option zu einer impliziten Volatilität von 5 Prozent verkaufen, hätte er das Risiko, daß mit 100 Prozent – 95,4 Prozent = 4,6 Prozent Wahrscheinlichkeit, die tatsächliche Volatilität am Ende der Laufzeit über der implizierten Volatilität von 25 Prozent lag. Dieses minimale Risiko angesichts dessen, daß die Volatilität historisch im Mittel bei 15 Prozent lag, würde in der Praxis dazu führen, daß zu diesem Preis Käufer nicht zu finden wären. Extrembeispiel in der Praxis ist das Pricing von großen Optionspositionen auf ein wenig liquides Underlying, das zudem starken Schwankungen der historischen Volatilität unterliegt und nur gering mit einem Index oder anderen Aktien korreliert ist. Diese Situation tritt bei Small Caps und in den Emerging Markets teilweise auf und führt dazu, daß ein Preis basierend auf durchschnittlicher historischer Volatilität plus oder minus der 1,5fachen Standardabweichung der Volatilität als implizierte Volatilität von Käufern und Verkäufern der Option akzeptiert wird.

Eine weitere wesentliche Hilfestellung beim Pricing kann die in Wissenschaft und Praxis seit Jahren umstrittene Annahme bieten, daß Volatilität „mean-reverting“ ist. Unter „mean“ ist ein aus der historischen Volatilität zu bildendes Mittel zu verstehen. Je nach Ansatz kann es das arithmetische oder geometrische Mittel der historischen Volatilität verschiedener Zeiträume sein. Oft wird das „mean“ als das Mittel der Verteilung der historischen Volatilität betrachtet, also dem Mittelwert der Volatilität. Der Begriff „mean-reverting“ will ausdrükken, daß die Volatilität zu diesem Mittelwert immer wieder zurückkehrt.

Hierzu ein *Beispiel*:

Ein Händler berechnet auf der Basis der Schlußkurse der letzten 30 Tage eines Underlyings eine historische 30-Tage-Volatilität von 15 Prozent annualisiert. Er soll einen Geldkurs für eine Option mit 30 Tagen Laufzeit pricen. Die 30-Tage-Volatilität wird sich täglich verändern, da jeweils der Schlußkurs des ersten Tages durch den Schlußkurs des Tages, an dem die Berechnung durchgeführt wird, ersetzt wird. Bildet man ein „mean“ aus den 30-Tages-Volatilitäten der vergangenen 500 Handelstage, soll dies im Beispiel bei 8 Prozent annualisiert liegen. Folgt der Händler der Theorie des „mean-reverting“, so muß er annehmen, daß die 30-Tages-Volatilität irgendwann wieder bei 8 Prozent anstatt den aktuellen 15 Prozent liegen wird. Entsprechend wird er die Option rein aufgrund der stochastischen Faktoren deutlich unter 15 Prozent pricen. Zu erwähnen bleibt, daß bei der Ermittlung der 30-Tages-Volatilität inzwischen immer stärker darauf zurückgegriffen wird, die Schlußkurse mit Faktoren zu gewichten. Die Kursveränderungen der ersten Tage erhalten dabei das niedrigste

Gewicht, die jüngsten Kursveränderungen das höchste. Implizit ist die Annahme, daß die jüngsten Kursveränderungen mehr Bedeutung für die Zukunft haben, als die Kursveränderungen vor zum Beispiel 30 Tagen.

Die ausführlichen Betrachtungen zur Volatilität sollen noch durch einen weiteren Abschnitt vertieft werden. Dies ist Ausdruck des hohen Stellenwertes, den die Volatilität auch in der Praxis hat. Die Methoden zur Schätzung sollen dabei noch um einige Nuancen verfeinert werden. Die folgenden Modelle sind zwar bislang eher in der akademischen Welt als in der Praxis verbreitet, könnten aber vor einem Siegeszug auch in der praktischen Anwendung stehen, denn: Optionshandel ist Volatilitätshandel.

2.3.1.5 ARCH-, GARCH- und EGARCH-Modelle

ARCH, GARCH und EGARCH sind Modelle zur Schätzung künftiger Volatilität auf der Grundlage der Volatilitäten der Vergangenheit und dem Mean-reverting-Prinzip. In Weiterentwicklungen, wie dem 1993 von Engle verfeinerten Garch (2.2) kann die mittlere Volatilität („mean") ebenfalls in begrenztem Maße schwanken, wodurch also nicht mehr das reine Mean-reverting-Prinzip zugrunde gelegt wird.

ARCH ist die Abkürzung für Autoregressive Conditional Heteroscedasticity und wurde 1982 von Professor Engle an der University of California, San Diego entwickelt. Es wurde 1986 von Bollerslev in GARCH (Generalised ARCH) erweitert. ARCH, GARCH und EGARCH sind autoregressiv, das heißt sie beziehen sich auf sich selbst. Heteroscedasticity drückt aus, daß die Volatilität (Varianz) nicht als Parameter gesehen wird, sondern als ein Prozeß, der innerhalb bestimmter Grenzen (Conditional) zufällig verteilt ist. Alle Modelle unterstellen also eine zufällige Verteilung der Volatilität innerhalb bestimmter Muster eines stochastischen Prozesses (z. B. „mean-reverting"). Mit GARCH können anhand historischer Daten zukünftige Volatilitäten geschätzt werden und wieder kontrolliert werden. Obwohl sich alle Modelle letztlich in einer Formel zusammenfassen lassen, sollen diese hier nicht aufgeführt werden. Grund hierfür ist neben der Orientierung des Werkes die mangelnde praktische Anwendbarkeit für den Leser, denn: Die Modelle erfordern iterative Rechenprozesse. Die am meisten verbreiteten Anwendungen basieren inzwischen auf dem 1991 von Nelson entwickelten Expotential GARCH (EGARCH). Es darf als das Modell mit dem größten Praxisbezug gelten, da anders als bei den beiden vorangegangenen Modellen die Kursbewegungen nicht quadriert werden, bevor sie in das Modell eingehen. EGARCH unterläßt diese Quadrierung, wodurch negative und positive Kursveränderungen verschieden behandelt werden können. Damit wird der praktischen Erfahrung genüge getan, denn Kursrückgänge sind oft bedeutender für die Entwicklung der Volatilität als Kursanstiege.

Nach der genauen Betrachtung der Einflußfaktoren auf einen Optionspreis wird nun zur eigentlichen Ermittlung des Preises durch Optionspreismodelle übergangen.

2.3.1.6 Optionspreismodelle

Das erste und wohl bekannteste Modell um Optionspreise zu berechnen, basiert auf der Publikation „The pricing of options and coporate liabilities" der Professoren Fisher Black und Myron Scholes, die 1973 im Journal of Political Economy erschien. Eine wesentliche Annahme des Black-Scholes-Modells ist die Lognormalverteilung der Kurse von Finanzinstrumenten. Die in Abschnitt 2.3.1.4 dargestellte Standardnormalverteilung für Returns führt direkt zur Lognormalverteilung für die Kurse, aus denen diese Returns berechnet werden. Für die Definition der Returns in Abschnitt 2.3.1.4 als

$$R = \ln\left(\frac{S_{t+1}}{S_t}\right)$$

galt als Annahme des Random Walk, daß die R standardnormalverteilt sind. Damit ist ein Kursrückgang um 10 Prozent vom Mittelwert der Verteilung genauso wahrscheinlich wie ein Kursanstieg um 10 Prozent. Was bedeutet dies aber für die Preise des Underlyings? Nehmen wir an, R wäre zum einen + 10 Prozent pro Jahr für eine Periode von sieben Jahren, und zum anderen – 10 Prozent pro Jahr für eine Periode von sieben Jahren. S_1 nach der ersten Periode ist somit

$$S_1 = 1.000 \cdot e^{+0,10} = 1.105,20.$$

Dann errechnen sich die beiden Preisreihen wie folgt, wobei am Ende der sieben Jahre beim positiven Trend die Preise sich verdoppelt haben, beim negativen Trend halbiert.

Positiver Trend:	1.000,00 / 1.105,20 / 1.220,10 / 1.350,00 / 1.491,80 / 1.649,00 / 1.822,00 / 2.014,00
Negativer Trend:	1.000,00 / 904,80 / 818,70 / 740,80 / 670,00 / 606,80 / 549,00 / 498,00

Die absolute Veränderung beträgt beim positiven Trend jedoch rund 1.000 Punkte, beim negativen rund minus 500 Punkte. Dies ist leicht verständlich, denn die Basis für die Berechnung der Prozentveränderung wird beim positiven Trend immer höher, beim negativen immer geringer. Die Verteilung der Preise ist mathematisch bei einer Standardnormalverteilung der Returns also linksschief, wie in der folgenden Abbildung dargestellt:

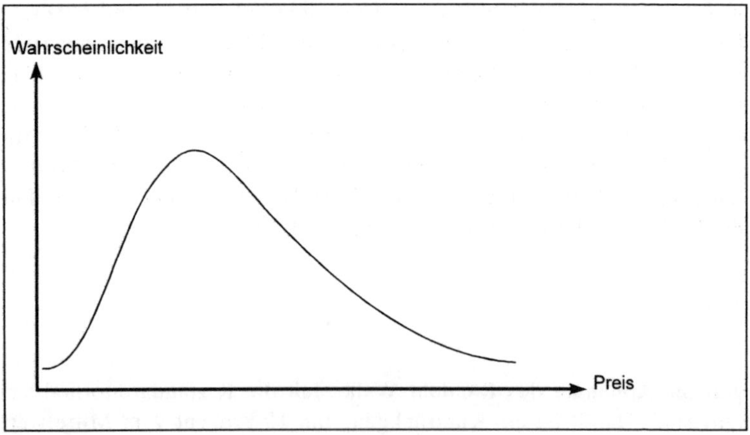

Abbildung 2: Lognormalverteilung der Preise

Ohne den mathematischen Beweis an dieser Stelle zu führen, sei darauf hingewiesen, daß eine Normalverteilung der Returns eine Lognormal-erteilung der Kurse bedingt. Den Random Walk vorausgesetzt, gilt demnach für Kurse von Aktien, Anleihen und Devisen, daß sie lognormalverteilt sind.

Zurück zum Black-Scholes-Modell: Bei der Ermittlung des fairen Wertes einer Option gingen die Professoren davon aus, daß der Wert einer Option bei Verfall die Summe aller möglichen Werte der Option bei Verfall multipliziert mit der Wahrscheinlichkeit für diese Werte sein muß. Die Wahrscheinlichkeiten für die Preise des Underlyings zum Verfallszeitpunkt sind durch die Lognormalverteilung prognostizierbar. Zu berücksichtigen ist, daß lediglich die Preise von Bedeutung sind, die bei Calls über dem Strike-Price und bei Puts unter dem Strike-Price liegen, denn nur diese führen bei Verfall zu einem Inneren Wert der Option. Diese Preise werden dann mit ihren Wahrscheinlichkeiten gemäß einer Lognormalverteilung gewichtet und summiert. Die Summe ist dann gleich dem fairen Wert der Option bei Verfall, was lediglich eine mathematische Hilfskonstruktion darstellt, da bei Verfall die Option einen bestimmten Wert haben wird. Der faire Optionspreis zum Zeitpunkt des Pricings ergibt sich durch Diskontierung des fairen Wertes zum Verfallszeitpunkt mit dem aktuellen risikolosen Zinssatz.

Diese Schritte sollen in diesem Werk nicht mathematisch nachvollzogen werden, da die Rechenoperationen mit einer Lognormalverteilung sicher nicht zu den Grund-rechenarten zählen und wohl am Interesse der meisten Leser vorbeigehen würden. Der mathematisch interessierte Leser wird aber durch die oben erwähnten Teilschritte die Black-Scholes-Formel selbst her-leiten können. Dabei bietet, am Rande erwähnt, die Herleitung über die Renditen anstatt über die Preise, eine mathematische Vereinfachung, da bei Renditen mit einer Normalverteilung anstatt der Lognormalverteilung operiert werden kann. Diese logischen Schritte haben Black/Scholes in der folgenden Formel zusammengefaßt:

$$C = SN(d_1) - Ee^{-rt} N(d_2)$$

Die Black-Scholes-Formel basiert auf einigen Annahmen, die zu ihrer Weiterentwicklung durch zahlreiche Autoren oder aber zu neuen Optionspreismodellen geführt haben. Die Formel ermittelt den Fair Value unter den Voraussetzungen, daß

- Underlying-Kurse lognormal verteilt sind
- keine Dividenden oder andere Erträge während der Laufzeit anfallen

- keine Ausübung vor Expiry möglich ist
- die Kurse des Underlyings sich kontinuierlich ohne Kurssprünge, auch Gaps genannt, entwickeln
- Zinsen und Preisvolatilität unverändert bleiben.

Die Black-Scholes-Formel ist als Grundlage für das Pricing von Europäischen Call-Optionen auch heute in der Praxis noch sehr gängig. Dabei werden oft einige kleinere Anpassungen von Finanzmathematikern und Optionshändlern vorgenommen. Bei Aktienoptionen werden immer Veränderungen der Formel vorgenommen, um Dividenden zu berücksichtigen. Ferner müssen die in keinem theoretischen Modell beinhalteten Faktoren wie Transaktionskosten, Steuern, Bid-Ask Spreads am Geldmarkt und im Underlying und eventuell mangelnde Möglichkeit für Short-Verkäufe beim Pricing mit einkalkuliert werden. Eine oft geäußerte Kritik, die ebenfalls für alle Modelle gilt, setzt an der Annahme kontinuierlicher Kursentwicklung an. Die Praxis hat diese Annahme klar widerlegt, und zahlreiche wissenschaftliche Arbeiten beschäftigen sich mit dem Problem der Gaps. Einige wenige Autoren haben bereits Modelle zur Lösung dieser Problematik im Ansatz entwickelt, doch von praktisch anwendbaren Pricingmodellen sind diese noch weit entfernt. In täglichem Gebrauch dagegen sind die Modelle bedeutender Wissenschaftler wie Breeden, Cox, Litzenberger, Sharpe und Lintner. All diese Modelle vorzustellen, würde den Rahmen dieses Werkes sprengen. Es sei erwähnt, daß das Modell von Garman/Kohlhagen, das auf Black/Scholes aufbaut, zum Pricing von Devisenoptionen als das anerkannteste gelten muß und der Leser sich für diese speziellen Belange vertiefender Literatur zuwenden sollte.

Binomial-Modell

Kann man Black/Scholes getrost als Urväter der Optionspreismodelle betrachten, lag ein weiterer Quantensprung des Optionspricings in der Entwicklung des Binomial-Modells durch die Professoren Cox, Ross, Rubinstein und in der vertiefenden Arbeit durch Leland, O'Brien und Rubinstein. Das Binomial-Modell und das darauffolgende Trinomial-Modell haben heute in der Praxis des Put-Pricings denselben Stellenwert, den das Black-Scholes-Modell bei Calls erreicht hat. Dem Binomial-Modell liegt die Erkenntnis zugrunde, daß eine Option durch eine Kombination von Underlying und Geldmarkt ebenso dupliziert werden kann, wie andere Derivate. Dies kann aber im Gegensatz zum Kauf von Futures zum Beispiel nicht durch eine einmalige Transaktion erfolgen. Während der Kauf von Futures durch eine Kreditaufnahme und einen sofortigen Kauf des Underlyings substituiert werden kann, erfordert das asymmetrische Risikoprofil eine andere Vorgehensweise, um Optionen zu duplizieren. Die Duplikation von Optionen kann durch dynamisches Hedging oder Delta-Hedging erfolgen. Dieses erfordert eine häufige Anpassung von Positionen im Underlying und häufige Geldmarktoperationen. Die genaue Vorgehensweise wird in Abschnitt 2.3.1.7 im Detail erläutert. Zum Verständnis des Binomial-Modells wird vorausgesetzt, daß in der Praxis die Duplikation von Optionen möglich ist.

Ist eine Option durch eine Kombination anderer Instrumente replizierbar, dann kann ihr Fairer Preis nach der Arbitrage Pricing Theory bestimmt werden. Das Binomial-Modell setzt zur Optionspreisermittlung ein hypothetisches Portfolio zusammen, das risikolos ist und sich folglich mit dem periodenbezogenen Geldmarktsatz = r verzinst.

Hierzu ein *Beispiel*:

Das Portfolio bestehe aus einer Aktie mit dem Kurs $S_o = 100$. Zur Absicherung stehen Puts mit Basispreis 100 zur Verfügung. Es bestünden nur zwei mögliche Aktienkurse zum Verfallzeitpunkt der Option, nämlich $S_1 = 120$ oder $S_2 = 80$. Um ein risikoloses Portefeuille zu kreieren, muß die Differenz der Aktienkurse von 120 – 80 = 40 Einheiten durch die Kurse der Puts ausgeglichen werden. In S_1 ist der Endwert der Puts gleich Null, in S_2 ist er gleich 20 Einheiten. Ein risikoloses Portfolio wird für S_1 und S_2 dasselbe Gesamtergebnis S_{x+1} liefern. Damit wird

$$S_1 + P_1 = S_2 + xP_2$$

sein, wobei

P = Endwert der Puts im Falle S_1
P_2 = Endwert der Puts im Falle S_2
x = Anzahl zu erwerbender Puts, um ein risikoloses Portfolio zu kreieren.

Im Beispiel:

$S_1 = 120, \quad S_2 = 80, \quad x = ?$
$P_1 = 0, \quad P_2 = 20$

$$120 + 0 = 80 + x \cdot 20$$

$$\Rightarrow \quad x = 2$$

Sind die Aktienkursschwankungen auf die beiden Fälle S_1 und S_2 begrenzt, wird im Beispiel der Erwerb von zwei Puts ein risikoloses Portfolio kreieren. Was ist nun der faire Wert dieser Puts? Besteht für das Eintreten von S_1 und S_2 dieselbe Wahrscheinlichkeit, dann gilt: Das Portfolio, da risikolos, verzinst sich mit dem Geldmarktsatz r. Der Endwert des Portfolios S_{t+1} ist also gleich dem Anfangswert verzinst mit r.

Im Beispiel war der $S_{t+1} = 120$, denn es waren

$$S_1 = 120 \text{ und } S_2 + 2iP_2 = 120,$$

um ein risikoloses Portefeuille zu halten.

Der Wert des Portfolios zu Beginn ist identisch dem durch Diskontierung mit r erhältlichen Barwert des Endwertes S_{t+1}. Nimmt man eine Laufzeit der Puts von 90 Tagen und eine Geldmarktrendite von 8 Prozent p. a. an, dann ist im Beispiel

$$S_{t+1} = 120 = S_t + S_t \cdot \frac{8 \cdot 90}{100 \cdot 360} = S_t + 0{,}02 S_t$$

somit

$$1{,}02 S_t = 120 \quad \Rightarrow \quad S_t = \frac{120}{1{,}02} = 117{,}647$$

Der Anfangswert S_t ist, weil über Arbitrage gepriced werden soll, zum einen eine Geldmarktanlage von 117,647 Einheiten. Zum anderen muß aber das Portfolio aus Aktie + 2 Puts denselben Endwert liefern. Damit hat das Portfolio, da als risikolos definiert, auch denselben Barwert S_t.

Somit ist

$$S_t = S_o + 2P_o = 117{,}647\,S_t$$

$$\Rightarrow \quad 2P_o = 17{,}647 \quad \Rightarrow \quad P_o = 8{,}82$$

Der faire Preis des Puts ist 8,82 Einheiten. Nun hat dieses auf eine Periode beschränkte Modell unterstellt, daß in drei Monaten lediglich zwei verschiedene Aktienkurse möglich sind. Diese binomiale Verzweigung hat dem Binomial-Modell seinen Namen gegeben.

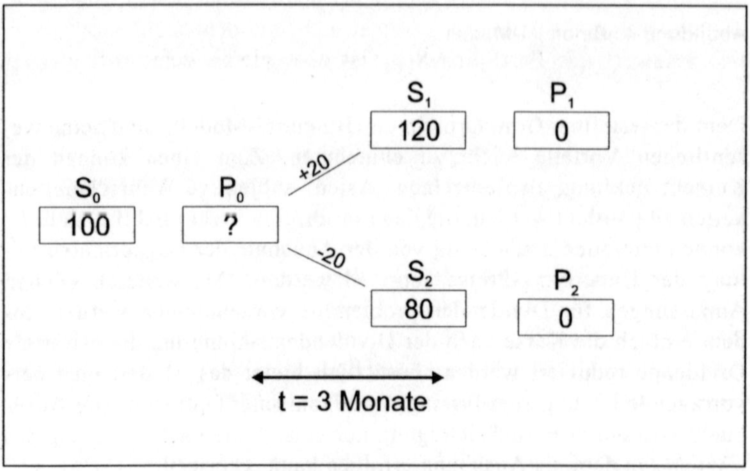

Abbildung 3: Einstufiges Binomial-Modell

Verkürzt man die Zeiträume und verkleinert die Schwankungsbreiten, verliert die Restriktion auf nur zwei Alternativzustände an Bedeutung. Reiht man Einperiodenelemente aneinander, die zum Beispiel eine Kursveränderung von + oder – 0,25 Prozent in einem Zeitraum von fünf Handelsminuten zulassen, dann entspricht das Binomial-Modell der Realität an den Märkten. Dann werden Put-Preise über zahlreiche „Äste" gebildet.

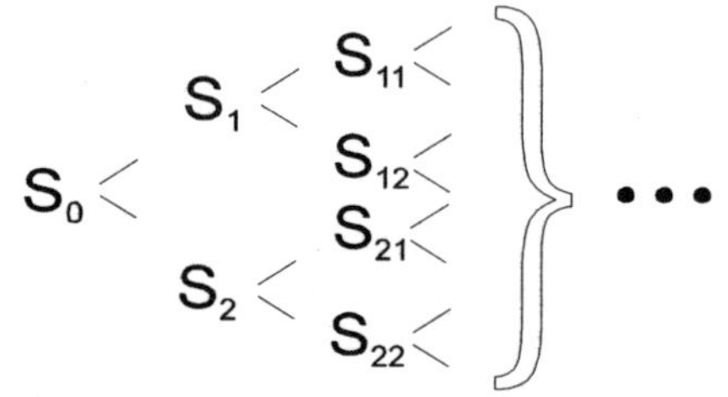

Abbildung 4: Binomial-Modell

Dem dargestellten Grundprinzip des Binomial-Modells sind seine wesentlichen Vorteile leicht zu entnehmen. Zum einen können der Kursentwicklung, also einzelnen „Ästen" subjektive Wahrscheinlichkeiten zugeordnet werden, die dann im Pricing berücksichtigt sind. Es können Optionen unabhängig von der Annahme der Lognormalverteilung der Underlying-Preise gepriced werden. Des weiteren können Anpassungen für Dividenden problemlos vorgenommen werden, indem einfach die Kurse nach der Dividendenzahlung um die erwartete Dividende reduziert werden. Zusätzlich bietet das Modell eine hervorragende Lösung zum Pricing Amerikanischer Optionen. Die Ausübung wird durch Berücksichtigung nur einer Seite nach Gabelung des „Astes", an dem die Ausübung erfolgen kann, gepriced.

Das Binomial-Modell berücksichtigt allerdings in seiner Reinform ebenfalls keine Veränderung der Volatilität des Underlying, denn die Alternativen S_1, S_2, ... entsprechend jeweils derselben prozentualen Kursveränderung. Ferner berücksichtigt es gleichbleibende Kurse nicht, wie dies in der Weiterentwicklung, dem Trinomial-Modell, der Fall ist.

2.3.1.7 Optionsbewertung – ein wenig Griechisch

Die Bewertung einer Option oder eines Optionsportfolios erfolgt in der Praxis des Optionshandels anhand verschiedener Faktoren. Die asymmetrische Risikoverteilung einer Option ist dafür verantwortlich, daß der Preis einer Option alleine nicht genügt, um eine Option und die ihr immanenten Risiken zu verstehen. Deshalb werden in Theorie und Praxis des Optionshandels Risikoparameter eingeführt, die weltweit gleich definiert und bezeichnet werden. Die Risikoparameter messen die Sensitivität des Optionspreises auf Veränderungen derjenigen Größen, die den Optionspreis beeinflussen. In Abschnitt 2.3.1.3 wurden die Einflußgrößen auf den Optionspreis erläutert. Rufen wir uns diese noch einmal in Erinnerung:

- Basispreis der Option
- Preis des Underlyings
- Zinssätze
- Laufzeit der Option
- Volatilität

Der Basispreis der Option ist die einzige Determinante, die, außer bei einigen exotischen Optionen, immer konstant bleiben wird. Um zu messen, wie die verbleibenden vier Determinanten den Optionspreis beeinflussen, verwendet man folgende Größen, deren Bezeichnungen dem griechischen Alphabet entnommen sind:

Delta

Das Delta einer Option zeigt die Änderung des Optionspreises bei einer Kursveränderung des Underlyings um eine Einheit. Für eine in DM denominierte Option auf eine deutsche Aktie würde ein Delta von 0,50 bedeuten, daß bei einem Anstieg der Aktie um eine DM der Optionspreis um 0,50 DM steigt. Ein Delta von – 0,50 würde bedeuten, daß der Optionspreis bei derselben Aktienkurssteigerung um 0,50 DM fällt. Call-Optionen haben somit ein positives Delta, Put-Optionen ein negatives. Das Delta beschreibt also, wie ähnlich das Preisverhalten von Option und Underlying ist.

$$\text{Delta} = \frac{\text{absolute Veränderung des Optionspreises}}{\text{absolute Veränderung des Kurses des Underlyings}}$$

Das Delta entspricht der Steigung einer Tangente an einem bestimmten Punkt der Optionspreiskurve. Die Optionspreiskurve zeigt den Optionspreis in Abhängigkeit von der Aktienkursentwicklung. Mathematisch ist das Delta also identisch mit der ersten Ableitung des Optionspreises nach dem Aktienkurs. Die Delta mehrerer Optionspositionen auf dasselbe Underlying sind additiv. Ein aggregiertes Delta aus mehreren Positionen kann also durch Summieren der mit der Positionsgröße gewichteten Einzeldelta berechnet werden.

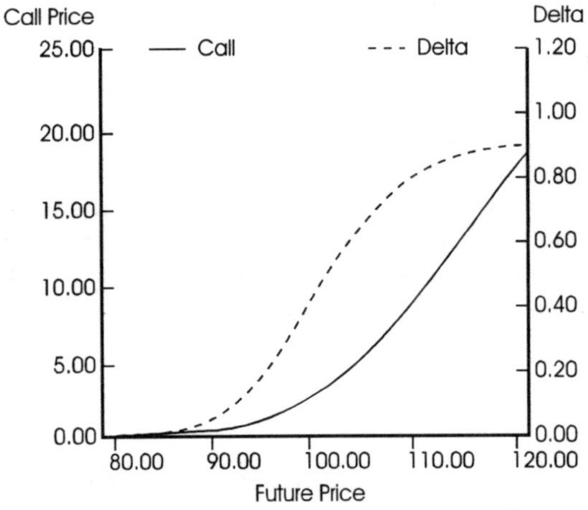

Abbildung 5: Call-Option-Delta

Die Graphik zeigt, daß das Delta um so größer wird, je weiter die Option „in-the-money" ist und vice versa.

Lambda

Eine dem Delta ähnliche Größe, die in der Praxis jedoch weit weniger verbreitet ist, ist das Lambda. Lambda ist die prozentuale Änderung des Optionspreises bei einer Kursänderung des Underlyings um ein Prozent.

Gamma

Das Gamma einer Option ist der einzige Faktor, der sich nicht auf die Veränderung des Optionspreises bezieht. Das Gamma drückt die Veränderung des Deltas bei einer Veränderung des Underlyings um eine Einheit aus.

$$\text{Gamma} = \frac{\text{absolute Veränderung des Delta}}{\text{absolute Veränderung des Kurses des Underlyings}}$$

Es ist mathematisch gleich der 2. Ableitung des Optionspreises nach dem Aktienkurs. Das Maximum der 2. Ableitung liegt im Wendepunkt der Kurve der 1. Ableitung auf der vorangegangenen Grafik. Daraus ist zu erkennen, daß das Gamma am größten ist, wenn die Option in etwa „at-the-money" ist.

Führt eine positive Preisänderung des Underlyings zu einem Anstieg des Optionsdeltas, spricht man von positivem Gamma und umgekehrt.

Theta

Das Theta einer Option gibt an, wieviel Zeitwert eine Option pro Tag Restlaufzeit verliert. In-the-money-Optionen haben einen geringeren Anteil des Zeitwerts am Optionspreis als zum Beispiel At-the-money-Optionen. At-the-money-Optionen mit kurzer Laufzeit haben das höchste Theta. Das Theta einer Option bleibt über etwa zwei Drittel der Laufzeit einer Option konstant und steigt dann bis zum Laufzeitende. Optionen mit kurzer Restlaufzeit, die „at-the-money" sind, unterliegen dem größten Zeitwertverfall.

Vega

Die Perfektionisten unter den Optionstheoretikern werden das Vega als Bewertungsgröße durch das Kappa ersetzen, denn Vega ist als Buchstabe im griechischen Alphabet nicht existent. Dennoch ist das Vega als Maß für die Änderung des Optionspreises bei einer Veränderung der Volatilität um 1 Prozent die gebräuchlichste Bezeichnung. Die Alliteration von Vega und Volatilität hat sich wohl hier durchgesetzt.

$$\text{Vega} = \frac{\text{absolute Veränderung des Optionspreises}}{\text{Veränderung der impliziten Volatilität um 1 \%}}$$

Eine Long-Position in einer Einzeloption bringt ein positives Gamma wie auch ein positives („long“) Vega mit sich und umgekehrt. Im Gegensatz zu Theta spielt Vega insbesondere bei langlaufenden Optionen eine Rolle. Vega ist nahezu linear, das heißt nahezu egal von welcher Basisvolatilität die Berechnung ausgeht, wird eine 1prozentige Veränderung der impliziten Volatilität eine fast konstante Veränderung des Optionspreises bedingen.

Rho

Rho ist der oft am wenigsten berücksichtigte Bewertungsfaktor. Rho zeigt die Abhängigkeit des Optionspreises von Veränderungen im risikolosen Zinssatz.

2.3.2 Optionsstrategien

Das Risikoprofil von Optionen und die vielfältigen Möglichkeiten, die aus der Kombination von verschiedenen Optionen oder Optionen und Kassainstrumenten entstehen, haben den Erfolg dieser Derivate im wesentlichen ausgemacht. Dieser Abschnitt zeigt die Strategien, die als Standardstrategien mit einfachen Optionen in keinem Werk über Optionen fehlen dürfen. Bestimmten Strategien wird jedoch vergleichsweise geringer Stellenwert beigemessen, da alle klassischen Strategien vor der Entwicklung Exotischer Optionen erdacht wurden und teilweise mit Exotischen Optionen die Ziele dieser Strategien auf kürzerem Wege erreicht werden können.

2.3.2.1 Einfache Strategien

Die vier Grundstrategien des Optionshandels sind jeweils Kauf oder Verkauf eines Calls oder eines Puts. Daraus resultieren die Positionen Long-Call, Short-Call, Long-Put und Short-Put.

Diese Positionen haben zum Verfallszeitpunkt abhängig von der Kursentwicklung des Underlyings Gewinn- und Verlustdiagramme, die der nachstehenden Abbildung 6 zu entnehmen sind.

Das maximale Risiko der Long-Positionen ist der Verlust der Prämie C, bei Short-Positionen dagegen ist C der maximal erzielbare Ertrag. Das Risiko der Short-Call-Position ist unbegrenzt, das Risiko der Short-Put-Position ist nahezu unbegrenzt. Das Risiko der Short-Put-Position ist begrenzt auf einen Rückgang des Underlyings auf Null. Warum sollte ein Spekulant also Optionen verkaufen? Nun, wie die Diagramme zeigen, sind zwar für Short-Optionen die Risiken unbegrenzt, jedoch wird über einen statistisch relevanten, also längeren Zeitraum hinweg, der Optionsverkäufer gegenüber dem Optionskäufer nicht benachteiligt sein. Voraussetzung ist, daß die Optionen „fair" gepriced sind. Dann nämlich beinhalten die Optionsprämien C, die der Verkäufer erhält, die Annahme der Normalverteilung der Erträge des Underlyings. Geht man nun davon aus, daß auch in der Realität die Erträge normalverteilt sind, wird ein Optionsverkäufer zum Beispiel in 20 Prozent der Fälle einen Verlust erleiden, der aber durch die Prämieneinnahmen in 80 Prozent der Fälle wieder ausgeglichen wird. Mit anderen Worten: Die Optionspreise beruhen auf einer statistischen Verteilung. Die Preise sind damit in Geldwerte umgesetzte Wahrscheinlichkeiten. Treffen diese Wahrscheinlichkeiten in den Preisbewegungen der Realität ein, wovon die Kapitalmarkttheorie ausgeht, dann werden die Optionspreise bei Verfall über einen langen Zeitraum dieser Wahrscheinlichkeitsverteilung folgen. Der Optionspreis bei Kauf oder Verkauf im Anfangszeitpunkt aber ist so bestimmt, daß er „fair" ist, also keine risikolosen Gewinne zuläßt. Werden statistisch oft genug über einen statistisch bedeutsamen Zeitraum hinweg dieselben Optionen zu „fairen" Preisen gehandelt, dann reflektieren die Optionsprämien zu Anfang bereits die Wahrscheinlichkeiten von Gewinnen und Verlusten bei Verfall. Statistisch ist es dann vollkommen unerheblich, ob konstant Optionen verkauft werden oder ob konstant Optionen gekauft werden. Käufer und Verkäufer sind wahrscheinlichkeitstheoretisch gleichgestellt, da sonst risikolose Erträge möglich wären. Achtung jedoch in der Praxis: Abgesehen von berechtigten Zweifeln über Ertragsverteilungen wird kaum ein Investor die Reserven zur Verfügung haben, um sich auf statistische Erkenntnisse verlassen zu können.

Anhand nachstehender Diagramme (Abbildung 6) kann auch recht einfach nachvollzogen werden, wie Kombinationen von Optionen das Underlying ersetzen können, beziehungsweise Kombinationen aus Optionen und Underlying andere Optionen nachbilden:

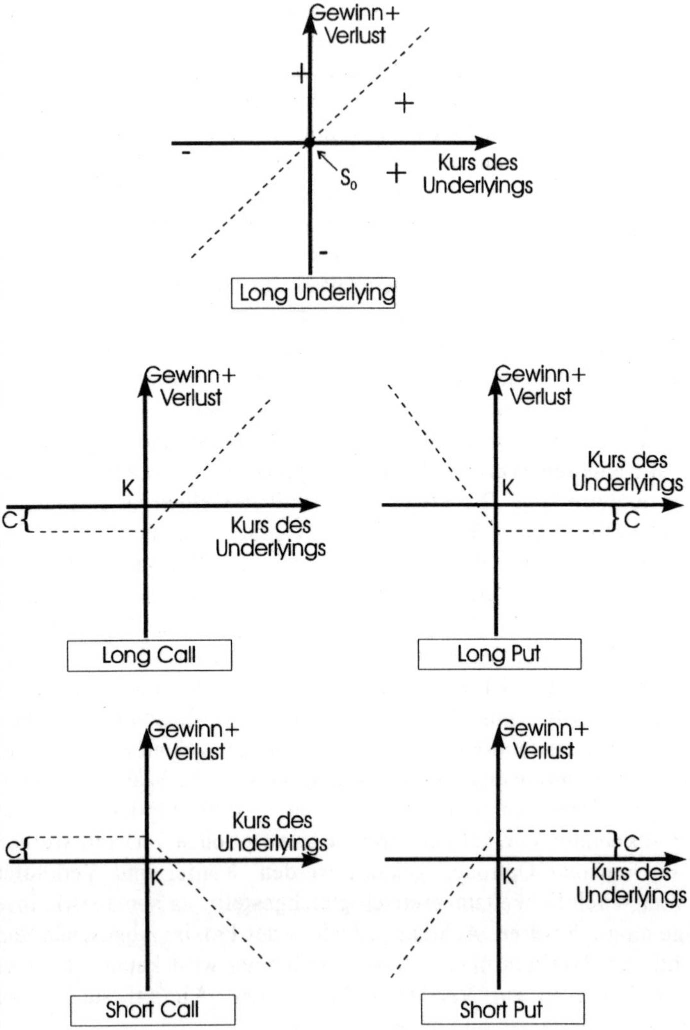

K = Basispreis der Option
C = Optionspreis zum Kaufzeitpunkt

Abbildung 6: Gewinn- und Verlustdiagramme

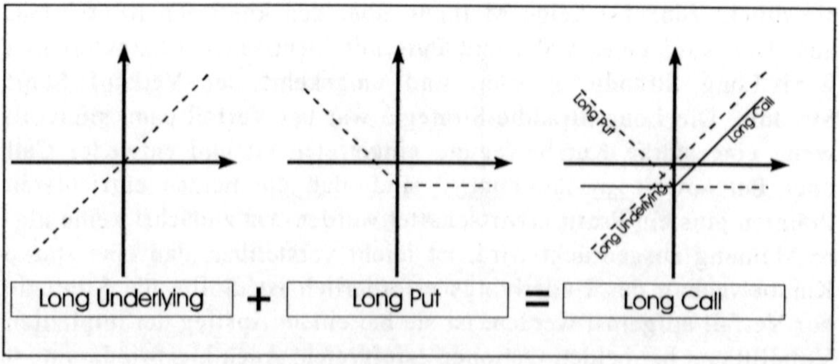

Abbildung 7: Duplikation einer Call-Option

Nach demselben Prinzip lassen sich Positionen wie folgt duplizieren und bei Preisungleichheiten arbitrieren:

Long Underlying = Long-Call + Short-Put
Short Underlying = Short-Call + Long-Put

Long-Call = Long Underlying + Long-Put
Short-Call = Short Underlying + Short-Put

Long-Put = Short Underlying + Long-Call
Short-Put = Long Underlying + Short-Call

Die Diagramme sind zwar ein einfacher Weg, um diese Zusammenhänge nachzuvollziehen, es sollte aber nicht vergessen werden, daß sie Gewinn oder Verlust der Optionen bei Verfall zeigen. Für Positionen, die bis Verfall gehalten werden, ist dies unproblematisch. Bei Positionen, die mit der Absicht eingegangen werden, sie vor Verfall zu schließen, können Veränderungen in Volatilität und Theta, die zwar die Optionen beeinflussen, nicht aber den Kurs des Underlyings, das Ergebnis zum Beispiel einer Arbitrage stark verändern.

2.3.2.2 Straddle und Strangle

Ein Straddle besteht aus einer Call- und einer Put-Option mit denselben Basispreisen und Verfallsdaten auf dasselbe Underlying. Die Strategie ist, wie auch beim Strangle, eine Volatilitätsstrategie, denn sie drückt zunächst keine Meinung über den künftigen Kursverlauf aus. Der Kauf eines Calls und Puts mit identischen Charakteristika wird Long Straddle genannt und umgekehrt der Verkauf Short Straddle. Die Long-Straddle-Strategie war bei Verfall dann sinnvoll, wenn eine starke Kursbewegung eingetreten ist und entweder Call oder Put soweit „in-the-money" sind, daß die beiden entrichteten Prämien plus ein Profit erwirtschaftet werden. Da zunächst keine klare Meinung ausgedrückt wird, ist leicht vorstellbar, daß eine starke Kursbewegung des Underlyings erforderlich ist. Sollte die Strategie vor Verfall aufgelöst werden, ist sie bei einem Anstieg der impliziten Volatilitäten bei beiden Optionen erfolgreich. Auch hier wiederum ist ein signifikanter Anstieg notwendig, denn der Long Straddle verliert das Theta von immerhin zwei Optionen. Umgekehrtes gilt für den Short Straddle.

Beim Strangle werden wie beim Straddle-Calls und Puts erworben oder verkauft, die identisches Underlying und identische Verfallszeitpunkte haben. Die Basispreise der Calls liegen jedoch über den Basispreisen der Puts. Damit verliert ein Long Strangle den gesamten Prämieneinsatz, sollte das Underlying bei Verfall zwischen den beiden Basispreisen notieren. Der Long Straddle verliert im Vergleich nur dann die gesamte Prämie, wenn das Underlying bei Verfall genau auf dem Basispreis notiert, was äußerst unwahrscheinlich ist. Da beim Strangle einer der beiden Basispreise immer „out-of-the-money" ist, muß der Käufer des Strangle jedoch auch deutlich weniger Prämie entrichten.

Da beide Strategien auch Volatilitätsstrategien sind, noch eine kurze Anmerkung zum Vega. Für langlaufende Optionen ist das Vega von Out-of-the-money-Optionen sehr ähnlich dem der At-the-money-Optionen. Von einem Volatilitätsanstieg profitiert dann der Long Strangle fast genauso stark wie der Long Straddle.

2.3.2.3 Spread Trades, Butterfly und Condor

Eine Spread Position in Optionen ist als Long-Position in einer Option und einer Short-Position in einer anderen Option auf dasselbe Underlying definiert. Sind beide Optionen Calls, spricht man von einem Call Spread, bei zwei Puts von einem Put Spread. Die Spreads werden nach folgenden Charakteristika gruppiert:

- **Horizontaler Spread**

  Kauf und Verkauf ähnlicher Optionen mit unterschiedlichen Verfallszeitpunkten, zum Beispiel Kauf Dezember 100 Call und Verkauf März 100 Call.

- **Vertikaler Spread**

  Kauf und Verkauf ähnlicher Optionen mit unterschiedlichen Strike-Preisen, zum Beispiel Kauf Dezember 100 Call und Verkauf Dezember 150 Call.

- **Diagonaler Spread**

  Kombination von Horizontalem und Vertikalem Spread, zum Beispiel Kauf Dezember 100 Call und Verkauf März 150 Call.

Horizontale Spreads können nicht bis Verfall gehalten werden, da die Verfallszeitpunkte unterschiedlich sind. Sie verändern sich relativ wenig bei Schwankungen des Underlyings und können dann profitabel sein, wenn bestimmte Veränderungen in der Volatilitätskurve eintreten. Die Volatilitätskurve ist die graphische Darstellung der impliziten Volatilitäten identischer Optionen mit verschiedenen Laufzeiten. So würde der Horizontale Spread im obigen Beispiel von einem Anstieg der impliziten Volatilität für Dezember-Optionen bei unveränderter Volatilität für März-Optionen profitieren.

Der Erfolg Vertikaler Spreads hängt von den Kursveränderungen des Underlyings ab. Profitieren sie von Kurssteigerungen, nennt man sie Bull Spreads, umgekehrt werden sie als Bear Spreads bezeichnet. Motivation für den Kauf eines Spreads ist meist, die Gesamtprämie zu verringern oder eine Markterwartung, die die Kursbewegung des Underlyings für begrenzt hält. Für den Verkauf eines Spreads anstatt dem Verkauf einer Einzeloption spricht das auf die Differenz zwischen den Basispreisen begrenzte Verlustrisiko, natürlich abzüglich der erhaltenen Nettoprämie. Als Nettoprämie wird die Summe der beiden einzelnen Optionsprämien bezeichnet. Folgende Vertikale Spreads sind denkbar:

Bull Call Spread: Kauf Call mit Strike K_1 und Verkauf Call mit Strike K_2, wobei $K_1 < K_2$.

Bull Put Spread: Verkauf Put mit Strike K_1 und Kauf Put mit Strike K_2, wobei $K_1 > K_2$.

Bear Call Spread: Verkauf Call mit Strike K_1 und Kauf Call mit Strike K_2, wobei $K_1 < K_2$.

Bear Put Spread: Kauf Put mit Strike K_1 und Verkauf Put mit Strike K_2, wobei $K_1 > K_2$.

Diagonale Spreads erfordern eine Markteinschätzung, die im obigen Beispiel so formuliert werden könnte: Ein Investor erwartet einen Marktanstieg bis Dezember und dann keinen weiteren Kursanstieg bis März. Zugleich möchte er eine momentan beim Verkauf erzielbare hohe implizite Volatilität für März-Optionen nutzen.

Es ist zu erkennen, daß das Eingehen Diagonaler Spreads deutlich weniger standardisierte Gründe hat, als dies bei den Horizontalen und Vertikalen Spreads der Fall ist.

Butterfly

Der Butterfly ist eine dem Straddle verwandte Strategie. Ihren Namen erhielt die Strategie aufgrund des Gewinn/Verlust-Diagramms bei Verfall, das die Form eines Schmetterlings hat. Wenden wir uns kurz dem Diagramm eines Straddle zu:

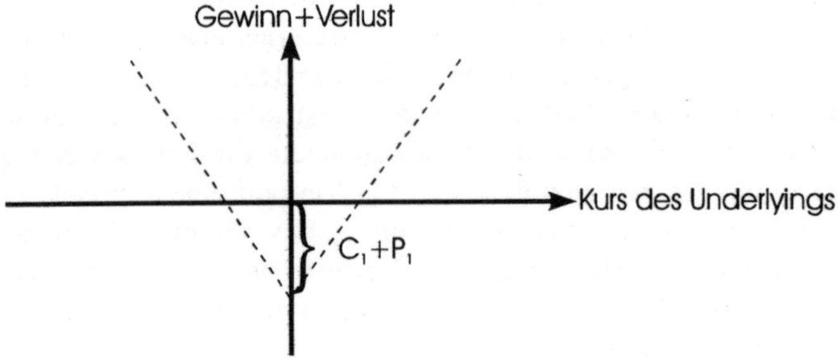

C_1 = Call-Prämie bei Kauf P_1 = Put-Prämie bei Kauf

Abbildung 8: Long Straddle

Der Long Butterfly besteht dagegen aus folgenden Optionen:

Kauf Call mit K_1
Verkauf zwei Calls mit K_2
Kauf Call mit K_3

wobei $K_1 < K_2 < K_3$

Das folgende Ertragsdiagramm zeigt, daß der maximale Verlust bei Verfall begrenzt ist, und die Strategie am stärksten von unveränderten Kursen profitiert. Hier ist auffallend, daß obwohl die Strategie als Long Butterfly bezeichnet wird, die Gewinne und Verluste dem Long Straddle entgegengesetzt verlaufen. Zudem ist durch Kauf und gleichzeitigen Verkauf von je zwei Optionen die Strategie nur wenig sensitiv gegenüber Volatilitätsveränderungen. Das obige Diagramm wird anders als bei anderen Strategien in der Praxis erst kurz vor Verfall erreicht. Während das Payoff-(= Gewinn/Verlust)-Diagramm eines Calls während der Laufzeit dem bei Verfall sehr ähnlich ist, trifft dies für den Butterfly nicht zu.

Damit ergibt sich folgendes Diagramm:

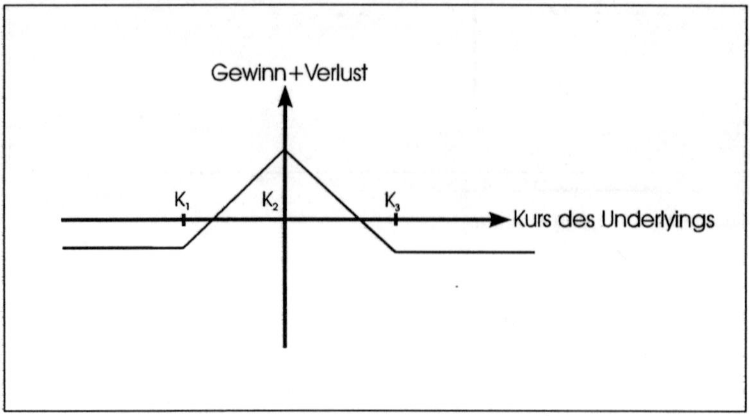

Abbildung 9: Long Butterfly

Condor

Was der Strangle für den Straddle, ist der Condor für den Butterfly. Beim Condor werden die beiden zu verkaufenden Optionen mit unterschiedlichen Strikes verkauft. Somit besteht der Condor aus

Kauf Call mit K_1
Verkauf Call mit K_2
Verkauf Call mit K_3
Kauf Call mit K_4

wobei $K_1 < K_2 < K_3 < K_4$

und hat folgendes Payoff-Diagramm:

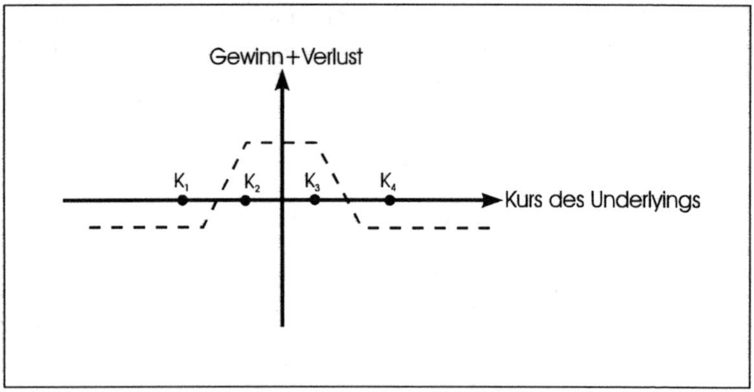

Abbildung 10: Long Condor

2.3.2.4 Strategien in der Praxis

Während Vertikale Spreads in der Praxis sehr gebräuchlich sind, dürfen erhebliche Zweifel daran bestehen, ob für einen Investor Butterfly- oder Condor-Positionen sinnvoll sind. Durch die Vielzahl der beinhalteten Optionen sind beide Positionen mit erheblichen Transaktionskosten verbunden. Zum einen werden Provisionen und Börsengebühren beträchtlich sein. Zum anderen wird der Investor, wenn er sich darauf verlassen muß, mehrere Optionen zum gleichen Zeitpunkt kaufen zu können, das jeweilige Bid beziehungsweise Offer in der Optionsserie akzeptieren müssen. Bei Butterfly und Condor verliert er bei Öffnen und Schließen der Position ganze viermal den Bid-Offer Spread. Auch bei Horizontalen Spreads sind Transaktionskosten aufgrund der stark limitierten Gewinnchance der Spreads nicht unerheblich. Für Straddles und Strangles gelten diese Vorbehalte weniger, da bei starken Kursbewegungen die prozentualen Gewinne beträchtlich sein können.

3. Exotische Optionen

Exotische Optionen sind aus dem Problemlösungsbedarf spezifischer Marktteilnehmer geboren worden. Sie entsprechen den Anforderungen von Investoren genauer als die sogenannten Plain-vanilla-Optionen, also die bereits behandelten Optionsformen. Exotische Optionen oder Exotics sind die eigentliche Herausforderung an die Investmentbanken in den 90er Jahren und werden im täglichen Geschäft konstant weiterentwickelt. Da sie dazu dienen, Kundenwünschen exakt nachzukommen, ist die Zahl der tatsächlich abgeschlossenen, in ihrer Form unterschiedlichen Kontrakte, von keinem Marktteilnehmer genau zu bemessen. Dieser Abschnitt zeigt aber alle auf dem Markt erhältlichen Exotics auf, für die zumindest ein Interbankenhandel theoretisch möglich ist. Damit werden alle Optionen berücksichtigt, die von mehreren, wenn teilweise auch nur wenigen, Banken angeboten werden. Es bleiben die noch komplexeren Produkte, die für den Bedarf von einzelnen Kunden maßgeschneidert werden und mit deren Pricing sich oft auch nur ein anbietendes Institut befaßt hat, außen vor.

Allen Exotischen Optionen gemeinsam ist, daß ihr Payoff nicht durch Kombinationen von Plain-vanilla-Optionen oder von Plain-vanilla-Optionen und Underlying dupliziert werden kann. Nach dem Quantensprung für das Risikomanagement durch Plain-vanilla-Optionen aufgrund ihrer asymmetrischen Risikoprofile, stellen die Exotics den zweiten wesentlichen Durchbruch der Risikoforschung und -transformation im Finanzwesen dar. Das beeindruckende Wachstum, das Futures und Optionsmärkte bislang erfahren haben, wird sich bei den Exotics im selben Maße einstellen. Bislang sind außer im Devisenhandel die Mehrzahl der Marktteilnehmer nur rudimentär mit den Chancen der Exotics vertraut, wodurch ihre potentielle Bedeutung von vielen Anlegern und auch Banken noch unterschätzt wird. Die folgenden Ausführungen sollen etwas Licht in dieses noch dunkle Feld bringen.

3.1 Pricing Exotischer Optionen

Für das Pricing einzelner in diesem Abschnitt genannter Optionen entwickelten die meisten Investmentbanken eigene Modelle, die sich jedoch oft nur marginal unterscheiden. Grundsätzlich sind drei Ansätze zum Pricing denkbar.

3.1.1 Closed-Form-Ansatz

In zahlreichen Banken existieren inzwischen Formeln, ähnlich der Black-Scholes-Formel, mit deren Hilfe durch einfachen Input bestimmter Variablen der Optionspreis von Exotics berechnet wird. Diese Formeln sind komplex und erfordern teilweise Iterationen, was sie streng genommen wiederum nicht unter die Begriffsdefinition einer Formel fallen läßt. Für arithmetische Asiatische Optionen zum Beispiel existiert kein bekannter Closed-Form-Ansatz.

3.1.2 Binomial-Modell

Das Binomial-Modell ist das wohl zuverlässigste Modell zum Pricing exotischer Optionen. Es erfordert eine nicht unbeträchtliche Rechnerkapazität. Dies wird deutlich, wenn zum Beispiel eine Asiatische Option gepriced werden soll. Unterstellen wir dazu folgende zwei Marktentwicklungen des Underlyings:

Von Periode zu Periode bliebe die Volatilität in beiden Fällen identisch, so daß entweder ein Kursanstieg um das 1,10fache oder ein Kursrückgang um das 0,9091fache stattfände:

Pfad 1: 100, 110, 121, 110
Pfad 2: 100, 110, 100, 110

Ein Plain-vanilla-Call hätte bei der Unterstellung dieser Fälle denselben Preis, da Anfangskurse, Kurse bei Verfall und die Volatilität, also die Größe der Steps beim Binomial-Modell, identisch sind. Der Preis des Plain-vanilla hängt ab von Volatilität und Kurs bei Expiry, unwesentlich ist, auf welchem Weg der Kurs erreicht wurde.

Anders bei einer Asiatischen Option, denn der Durchschnittskurs beim Pfad 1 beträgt 110,25, beim Pfad 2 beträgt er 105. Die Asiatische Option ist deshalb „path-dependent". Das Binomial-Modell für die Plain-vanilla-Option sieht wie folgt aus:

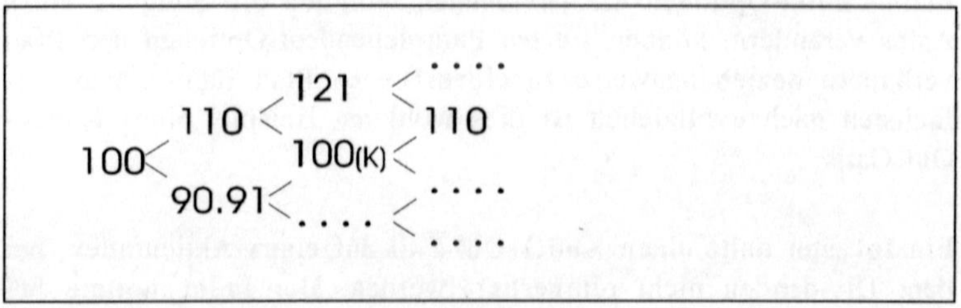

Abbildung 11: Binomial-Modell für die Plain-vanilla-Option

Anmerkung: Zur optischen Vereinfachung sind nur die in Pfad 1 und Pfad 2 genannten Werte aufgeführt. K bezeichnet einen Knotenpunkt, der auf verschiedenen Wegen erreicht werden kann.

Für die Asiatische Option ist von wesentlicher Bedeutung, auf welchem Weg der Endwert erreicht wird. Deshalb ist bereits die erste Verzweigung wichtig. Der komplette Binomialbaum muß nach der ersten Verzweigung deshalb angehängt werden. Es gibt keine Knotenpunkte, denn die Option ist pfadabhängig. Ist ein Weg einmal eingeschlagen, gibt es keine gemeinsamen Werte in einer späteren Periode mehr. Somit ergeben sich zwei generelle Schemata:

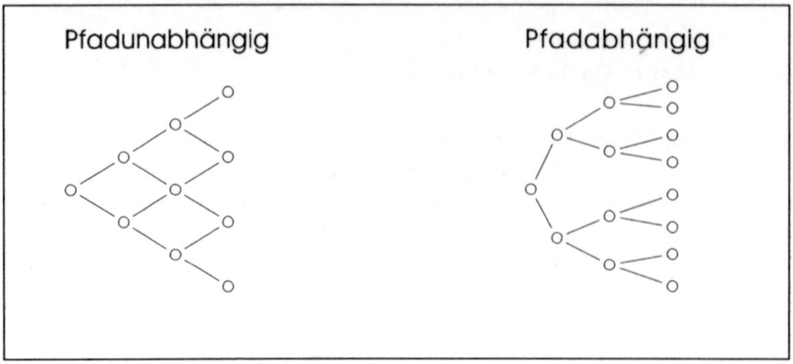

Abbildung 12: Pfadunabhängiges und pfadabhängiges Binomial-Modell

Die Rechenvorgänge für Exotische Optionen sind dadurch komplex und werden durch weitere Einzelprobleme noch komplexer. Hier seien Dividenden bei Aktien und Aktienindices genannt. Während bei Plain-vanilla-Optionen die Dividenden lediglich die Steigung eines Astes verändern, können sie bei Path-dependent-Optionen den Pfad verändern beziehungsweise zu einem neuen Pfad führen. Am einfachsten nachzuvollziehen ist dies wohl am Beispiel eines Knock-Out-Calls.

Ein Investor halte einen Knock-Out-Call auf einen Aktienindex, bei dem Dividenden nicht reinvestiert werden. Der Index notiere bei 3.503 am Tagesschluß, der Knock-Out sei bei 3.500. Am nächsten Handelstag notieren alle im Index umfaßten Aktien auf Vortagsniveau. Zwei Aktien jedoch notieren ex-Dividende, was den Index um 4 Punkte drückt. Somit ist die Option ausgeknocked, obwohl die Kurse sich nicht verändert haben. Dies war am Vortag nicht mit Sicherheit vorherzusehen, es war lediglich sicher, daß das Indexniveau um 4 Punkte gedrückt würde. Der Gesamtindex hätte dennoch steigen können und den Knock-Out verhindern können.

Dies bedeutet, daß selbst einen Tag vor dem möglichen Knock-Out ein eigener Pfad für die Entwicklung nach der Dividendenzahlung im Binomial-Modell angelegt werden muß. Dies erhöht den Rechenaufwand für einen Index, bei dem Dividendenzahlungen über das ganze Jahr verteilt stattfinden, enorm. Zur Lösung solcher Einzelprobleme werden konstant neue Modelle in Investmentbanken erarbeitet, die meist zu neuen Closed-Form-Lösungen führen.

3.1.3 Monte Carlo Simulation

Unter einer Monte Carlo Simulation versteht die Statistik die Prüfung aller möglicher auf Zufall basierender Entwicklungen. Zur Ermittlung eines Optionspreises werden dabei Tausende von möglichen Entwicklungen simuliert und für jede Entwicklung wird ein theoretischer Optionspreis ermittelt. Das Mittel dieser Optionspreise wird dann dem Handelspreis entsprechen. Diese Methode ist offensichtlich die aufwendigste, sie ist zwar durch die Random-Walk-Theorie zu rechtfertigen, dennoch eine wenig präferierte Berechnungsweise. Bei Optionen auf einen Basket aus Underlyings kann sie zusätzliche Sicherheit über den Handelspreis verschaffen, da diese Optionen stark auf den Korrelationen der verschiedenen Underlyings basieren und diese Korrelationen keineswegs stabil sind.

3.2 Bermuda-Optionen

Diese wohlklingende Bezeichnung, die dem Begriff der Exotischen Option so gerecht wird wie kaum eine andere, steht für ein eigentlich wenig exotisches Produkt. Bermuda-Optionen unterscheiden sich nur durch ihre Ausübungsfazilitäten von Europäischen und Amerikanischen Optionen. Sie sind eine Mischung aus den beiden genannten Plain-vanilla-Optionen, denn sie erlauben dem Optionskäufer die Ausübung zu mehreren festgelegten Daten während der Laufzeit der Option.

3.3 Quanto-Optionen

Quanto-Optionen oder kurz Quantos sind in der Praxis weit verbreitet und zählen deshalb kaum noch zu exotischen Produkten. Quantos eliminieren das Währungsrisiko für die involvierten Optionsprämien und sind ein Bestandteil einer anderen Option. So existieren Quanto-Calls, Quanto-Puts, Quanto-Barrier-Optionen aber keine „Quantos" als Option an sich. Die Bezeichnung Quanto ist eine Abkürzung für „quantity-adjusting option". Bei Quanto-Optionen wird zu Beginn der Optionslaufzeit ein Wechselkurs zwischen zwei Währungen festgelegt, zu dem bei Settlement der Option die Settlementprämie in eine andere Währung getauscht wird. Bei einem Nikkei-DM-Quanto-Call mit einem Strike von 18.000 Yen wird der heutige DM/Yen-Wechselkurs festgelegt, um bei Settlement der Option die Prämie in DM auszugleichen. Damit profitiert dieser Quanto-Call genau an dem Prozent-anstieg des eigentlich in Yen denominierten Assets. Steigt der Nikkei um 10 Prozent bis Verfall, also von 18.000 auf 19.800, erhält der Käufer des Calls die 10 Prozent zu dem bei Kauf festgelegten DM/Yen-Kurs. Sein Gewinn beträgt damit unabhängig von den Wechselkursschwankungen 10 Prozent minus der eingesetzten Prämie. Quantos sind somit Optionen, die eine Spekulation auf ein in Fremdwährung denominiertes Underlying ermöglichen und das üblicherweise damit verbundene Fremdwährungsrisiko eliminieren. Ist ein Investor „bullish" für einen Aktienmarkt aber zugleich „bearish" für die entsprechende Währung, sind Quanto-Calls den einfachen

Calls vorzuziehen. Zahlreiche Optionen auf Baskets, die aus Assets in verschiedenen Währungen zusammengestellt wurden, sind ebenfalls Quantos, da sich Investoren die Überwachung zahlreicher Währungen und die daraus folgenden Risiken ersparen.

3.4 Asiatische Optionen

Als Asiatische Optionen werden Optionen bezeichnet, deren Innerer Wert nicht allein durch den Kurs des Underlyings bei Expiry (wie bei Europäischen Optionen) oder den Kurs des Underlyings zum aktuellen Zeitpunkt (wie bei Amerikanischen Optionen) bestimmt wird. Die Asiatische oder Average-Rate-Option hat als Inneren Wert einen Durchschnittskurs des Underlyings. Dieser Durchschnittskurs kann auf verschiedene Weisen ermittelt werden:

- Quartalskurse, Kurse zu bestimmten monatlichen Daten oder wöchentliche Kurse des Underlyings werden festgehalten und gehen in die Berechnung eines Durchschnittskurses ein. In der Regel werden die Kurse gleichgewichtet.
- Die Durchschnittsbildung kann über die gesamte Optionslaufzeit oder über eine Teilperiode der Optionslaufzeit erfolgen.
- Geometrische wie auch arithmetische Mittel sind in der Praxis umsetzbar.

Die am meisten verbreitete Motivation für den Kauf von Average-Rate-Optionen ist die Erkenntnis, daß bei einem Kursrutsch gegen Ende der Optionslaufzeit zum Beispiel Plain-vanilla-Calls unter Umständen wertlos verfallen, obwohl über den Großteil der Optionslaufzeit die Option im Geld gewesen sein kann. Das Crash-Risiko für Call-Optionen wird durch Asiatische Optionen also deutlich reduziert.

Asiatische Optionen gehören zur Familie der pfadabhängigen oder Path-dependent-Optionen, wie aus dem Stammbaum exotischer Optionen zu entnehmen ist.

Path-dependent-Optionen sind weit komplexer im Pricing als Plain-vanilla-Optionen und auch komplexer als die pfadunabhängigen Exotics, wie zum Beispiel Quantos. Einen Einblick in das Pricing verschafft Abschnitt 3.1.

Asiatische Optionen sind wesentlich günstiger als Plain-vanillas. Grund hierfür ist die geringe Volatilität von Durchschnitten gegenüber Einzelkursen. Je weniger Kurse zur Berechnung des Durchschnitts verwandt werden und je näher die Zeitpunkte der Kursermittlung zusammenfallen, desto ähnlicher werden die Preise der Asiatischen und der Europäischen Option. Der Preis von Average-Rate-Optionen steigt linear mit steigender Implied Volatility.

Asiatische Optionen performen schlechter als Europäische Optionen, wenn das Underlying während der Optionslaufzeit in einem konstanten Trend verläuft. Dann nämlich weist die Europäische Option einen hohen Inneren Wert bei Verfall auf, während die Kurse zu Anfang der Optionslaufzeit, die nicht oder nur wenig „in-the-money" waren, den Durchschnittskurs einer Asiatischen Option drücken. Für Profis ist auch die Gammafunktion von Asiatischen Optionen äußerst interessant: Im Gegensatz zu Plain-vanillas, bei denen das Gamma mit abnehmender Laufzeit zunimmt, fällt das Gamma von Asiatischen Optionen mit kürzerer Restlaufzeit.

3.5 Average-Strike-Optionen

Die Average-Strike-Option weist ähnliche Charakteristika wie die Average-Rate-Option auf. Bei Average-Strike-Optionen wird ebenfalls aus den Kursen des Underlyings über einen Zeitraum hinweg ein Durchschnittskurs gebildet. Dieser dient dann aber als Basispreis der Option. Bei Verfall werden der tatsächliche Preis des Underlyings, gleich der Europäischen Option, und der Average Strike, den Inneren Wert bestimmen. Die Payouts von Calls bei Verfall sind damit:

Europäische Option:	$\max(0, S - K)$
Average-Rate-Option:	$\max(0, S_A - K)$
Average-Strike-Option:	$\max(0, S - S_A)$

wobei

S_A = Durchschnittskurs des Underlyings
S = Kurs des Underlyings bei Verfall
K = Basispreis (Der Basispreis der Average-Strike-Option ist der Durchschnittskurs S_A).

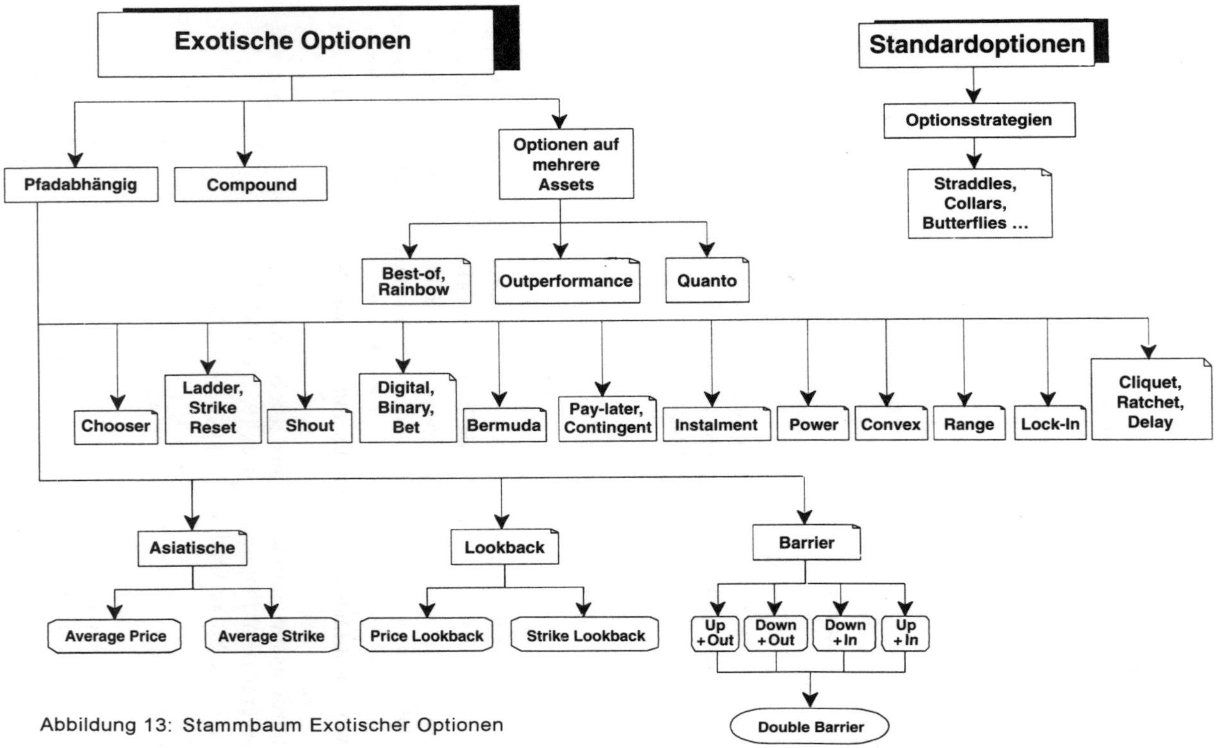

Abbildung 13: Stammbaum Exotischer Optionen

Die ökonomisch sinnvolle Anwendung von Average-Strike-Optionen wird im folgenden Abschnitt deutlicher, der Lookback-Optionen charakterisiert.

3.6 Lookback-Optionen

Lookback-Optionen sind insofern der Average-Strike-Option ähnlich, als daß der Basispreis einer Lookback-Option ebenfalls nach Abschluß der Option festgestellt wird. Der Basispreis von Lookbacks wird nicht durch Durchschnittsbildung festgestellt, sondern es wird der Höchstkurs des Underlyings während der Lookback-Periode als Basispreis für Puts und der Tiefstkurs als Basispreis für Calls festgelegt.

Die Lookback-Periode kann der Gesamtlaufzeit der Option entsprechen. Da mit Lookbacks eine Absicherung mit dem im nachhinein festgestellten Höchstkurs als Basispreis möglich ist, wie auch ein Investment mit Tiefstkurs als Basispreis, sind Lookback Optionen verhältnismäßig teuer. Bei der Mehrzahl der gehandelten Lookback-Optionen ist die Lookback-Periode deutlich kürzer als die Optionslaufzeit. Entspricht die Lookback-Periode der Optionslaufzeit, rentiert der Kauf nur bei extremen Volatilitätssprüngen und/oder Kursbewegungen. Bei gleichen Parametern wird eine Lookback-Option in etwa den doppelten Preis einer Plain-vanilla-Option kosten. Die Preise für Lookbacks steigen mit steigender impliziter Volatilität sind jedoch vega-sensitiver als Plain-vanillas. Das Theta entwickelt sich analog den Plain-vanillas, der Zeitwertverfall nimmt also gegen Ende der Optionslaufzeit zu. Bei Lookbacks sind wiederum Strike-Lookbacks, wie dargestellt, und Preis-Lookbacks möglich. Preis-Lookbacks haben feste Basispreise und der Innere Wert wird in Abhängigkeit vom Höchst- oder Tiefstkurs ermittelt.

3.7 Barrier-Optionen

Der Innere Wert von Barrier-Optionen zum Expiry Date ist identisch dem Payoff von Europäischen oder Amerikanischen Plain-vanilla-Optionen, wenn folgende Bedingung erfüllt ist:

Die Option muß zum Expiry Date existieren.

Diese profane Aussage kennzeichnet den Unterschied von Barrier-Optionen und Plain-vanillas: Barrier-Optionen entstehen oder verschwinden, wenn das Underlying bestimmte Werte, die vorher definierten Grenzen oder Barriers, erreicht. Grundsätzlich werden Barrier-Optionen, kurz Barriers, danach unterschieden, ob sie erst nach Erreichen einer Barrier entstehen (Knock-In), oder ob sie bei Erreichen einer Barrier sofort wertlos verfallen (Knock-Out). Alle der nachfolgend aufgeführten Barrier-Optionen sind, wenn auch unterschiedlich rege, am OTC-Markt gehandelt. Barriers zählen zu den am häufigsten gehandelten Exotics. Neben dem Knock-In- oder Knock-Out-Kriterium werden sie danach unterschieden, ob sie Calls oder Puts sind und weiter danach, ob die Barriers über („Up") oder unter („Down") dem aktuellen Preis liegt. Somit existieren acht verschiedene Barrier-Optionsarten, Up oder Down, Put oder Call, In oder Out:

Knock-In Barriers	**Knock-Out Barriers**
Down-and-In-Call	Down-and-Out-Call
Up-and-In-Call	Up-and-Out-Call
Down-and-In-Put	Down-and-Out-Put
Up-and-In-Put	Up-and-Out-Put

3.7.1 Rebate

Jede dieser Optionen kann zusätzlich mit einem sogenannten Rebate ausgestattet sein. Ein Rebate ist eine fixe Geldsumme, die der Käufer einer Knock-Out-Option beim Knock-Out erhält oder die der Käufer für eine Knock-In-Option erhält, falls der Knock-In-Level nie erreicht wurde. Der gewählte Rebate kann zum Beispiel 100 Prozent der beim Kauf entrichteten Optionsprämie entsprechen. Eine Up-and-Out-Call-Option könnte beispielsweise wie folgt aussehen:

Underlying:	DAX
Option Type + Style:	European Up-and-Out-Call mit Rebate
Expiry:	24 Monate
Strike:	2.000,00
Knock-Out:	3.000,00
Rebate:	100 % der bezahlten Prämie

Handelt der DAX zum Kaufzeitpunkt der Option bei 2.000 Punkten, entspricht die Option zunächst einem At-the-money-Call. Werden während der Laufzeit der Option 3.000 Punkte im DAX-Index nie erreicht, ist der Innere Wert bei Verfall identisch dem Inneren Wert eines Europäischen Calls mit Strike 2.000. Werden 3.000 während der Optionslaufzeit erreicht, dann verfällt die Call-Option sofort. Dies ist für den Optionskäufer äußerst bedauerlich, denn seine Option ist kurz vor diesem Zeitpunkt 999 Punkte „in-the-money" gewesen. Um diesen plötzlich entgangenen Gewinn wenigstens teilweise zu verschmerzen, wurde der Rebate eingebaut. Der Optionskäufer erhält die zu Beginn investierte Prämie zurück. Dennoch notiert der DAX-Index bei 3.000 und ein Plain-vanilla-Call hätte gute Kursgewinne erzielt.

Weshalb also der Up-and-Out-Call? Nun, durch den Nachteil des potentiellen Knock-Outs ist der Up-and-Out-Call günstiger als ein einfacher Call. Mit dem Up-and-Out-Call wird also bei der Erwartung eines begrenzten Kursanstiegs die Rendite der Investition optimiert, trifft die Erwartung ein. Vergleicht man den Up-and-Out-Call mit einem Call Spread, der aus einem Long-Call mit Strike 2.000 und einem Short-Call mit Strike 3.000 besteht, können beide Konstruktionen nahezu identische Payoffs haben. Dies würde erreicht, wenn der Rebate bei Knock-Out 1.000 Punkte betrüge, denn dies entspräche dem Inneren Wert des Call Spreads. In allen anderen Fällen ist der Payoff der Exotic Option wesentlich unterschiedlich, denn ihr maximaler Gewinn ist nicht nur begrenzt, sondern die Option verschwindet gänzlich.

Bei Optionskäufern waren in der Vergangenheit Knock-Out-Optionen beliebter als Knock-In-Optionen. Dies beruht wohl darauf, daß es schwer fällt, für eine Option Prämie zu bezahlen, die noch nicht existiert und vielleicht nie existieren wird. Zudem ist die ökonomische Funktion von Knock-Outs meist offensichtlicher. So liegen denn auch die Ursprünge der Barrier-Optionen im Up-and-Out-Put, der ausführlich unter den Knock-Outs dargestellt wird.

3.7.2 Knock-Out-Optionen

Knock-Out-Optionen entstanden aus dem Bedarf an günstigen Absicherungsmöglichkeiten. Die Knock-Out-Option verfällt, wenn der

Markt bis zur Barrier steigt (Up-and-Out) oder fällt (Down-and-Out). Wie bei allen Barrier-Optionen kann sich die Barrier auf alle während der Optionslaufzeit festgestellten Kurse beziehen (Continuous Barrier) oder aber nur auf die definierten Kurse, zum Beispiel die zu Handelsschluß festgestellten Kurse (Barrier on Close). Knock-Out-Optionen sind günstiger als Plain-vanillas, da mit einer gewissen Wahrscheinlichkeit die Option während der Laufzeit ausgeknocked werden kann. Der Preis von Knock-Out-Optionen hängt von dem Verhältnis von Knock-Out zum Strike-Price und von dem Kurs des Underlyings ab. Je näher der Knock-Out am aktuellen Kurs des Underlyings gewählt wird, desto größer ist die Wahrscheinlichkeit, daß die Option ausgeknocked wird und desto günstiger ist die Option. Zu differenzieren ist das Verhalten des Preises der Knock-Out-Option relativ zur Laufzeit. Hierzu folgende Überlegung: Je länger die Laufzeit einer Aktien-Call-Option, desto höher ist üblicherweise ihr Preis, zumindest dann, wenn der risikolose Zinssatz höher ist als die Dividendenrendite. Je länger die Laufzeit einer Knock-Out-Option ist, desto höher ist aber auch die Wahrscheinlich, daß die Barrier erreicht wird. Damit hat die längere Laufzeit hier eine preismindernde Funktion. Auf den Preis eines Knock-Out-Calls wirken bei längerer Laufzeit also zwei unterschiedliche Einflußfaktoren:

1. höherer Preis durch höheren Preis des Plain-vanilla-„Anteils“,
2. tieferer Preis durch höhere Knock-Out Wahrscheinlichkeit.

Welche der beiden Komponenten den Preis wie stark beeinflußt, ist nicht generell darstellbar. Es sei angemerkt, daß die Relationen der Plain-vanilla-Optionen nur selten durchbrochen werden. Also: Mit längerer Laufzeit werden absolut betrachtet auch Knock-Out-Calls teurer.

Die relative Preisreduktion wird jedoch auch meist größer. Allgemein läßt sich festhalten, daß mit längerer Laufzeit von Knock-Out-Optionen der prozentuale Preisvorteil gegenüber Standardoptionen zunimmt.

Zu Beginn des Abschnitts wurde erwähnt, daß Knock-Out-Optionen zuerst bei Puts angewandt wurden. Wirtschaftlich bietet ein Knock-Out-Put zur Absicherung eines Portfolios enorme Vorteile. Am *Beispiel* eines Fondsmanagers, der ein Portfolio aus japanischen Aktien absichern möchte, ist dies leicht zu ersehen. Zur Absicherung bei gleichzeitigem Erhalt der Chancen bei Kursanstieg, kann er entweder eine Europäische Plain-vanilla-Put-Option oder eine Europäische Up-and-Out-Put-Option erwerben. Im *Beispiel* sei ein Fondsmanager daran interessiert, am Ende des ersten Quartals eines Geschäftsjahres sein Portfolio durch Indexputs bis Geschäftsjahresende abzusichern.

Kauf European Put	Kauf European Up-and-Out-Put
Laufzeit 9 Monate	Laufzeit 9 Monate
Strike at-the-money	Strike at-the-money
	Knock-Out 10 % über aktuellem Kurs
Preis 7,84 % des Portfoliogegenwerts	Preis 5,72 % des Portfoliogegenwerts

Beim Kauf des Knock-Out-Puts wendet der Fondsmanager also 2,12 Prozentpunkte weniger Prämie auf, beziehungsweise er spart 27 Prozent der Put-Prämie durch die Barrier. Fällt der Index ohne zuvor um 10 Prozent gestiegen zu sein, bietet die Up-and-Out-Option eine der einfachen Option identische Absicherung. Steigt der Index um 10 Prozent oder mehr, dann verfällt die Up-and-Out-Option wertlos. Zugleich ist aber das Portfolio um 10 Prozent gestiegen, vorausgesetzt, es spiegelt den Index wieder oder verhält sich zumindest ähnlich. Die einfache Option würde dann zwar weiter existieren, doch bleibt fraglich, wieviel dieser Vorteil effektiv wert ist, denn: Die Plain-vanilla-Option ist dann 10 Prozent „out-of-the-money" und bietet somit erst nach einem 10prozentigen Kursrückgang wieder eine Absicherung. Zudem stellt sich oftmals nach einem Kursanstieg das Umfeld für das Underlying positiver dar als zum Zeitpunkt des Optionskaufs, das heißt eine Absicherung wird oft nicht mehr gewünscht. Betrachten wir noch einmal die Situation nach einem Kursanstieg um 10 Prozent, dann ist des weiteren zu berücksichtigen, ob das Underlying nicht ohnehin veräußert werden soll. Nach Gewinnmitnahmen im Underlying ist wiederum die Existenz des Puts nicht mehr nötig.

Up-and-Out-Puts stellen also eine günstige Hedgingalternative dar, bei der für viele Fondsmanager überflüssige Komponenten nicht mehr in der Option enthalten sind. Der Besitz eines 10 Prozent Out-of-the-money-Puts ist nach einem Kursanstieg wie im obigen Beispiel eben wenig hilfreich, denn die Option bietet keinen Schutz auf dem neuen

Kursniveau und der Anleger bleibt vor die Frage gestellt, ob die Kursgewinne realisiert werden sollen, ob eine Absicherung auf dem neuen Niveau erworben werden soll oder ob eine „bullishe" Perspektive eingenommen wird und die Position unverändert bleibt. Selbst im letzten Falle ist die Put-Option von geringem Wert. Up-and-Out-Puts bieten eine Absicherung, die den Anlegerwünschen der meisten Investoren nicht nur zum Absicherungszeitpunkt, sondern auch nach einem Kursanstieg entsprechen.

Wann aber war auch mathematisch der Kauf eines Up-and-Out-Puts sinnvoller als der Kauf eines Plain-vanilla-Puts? Das erste Szenario hierfür ist offensichtlich. Die Exotische Option ist immer dann sinnvoller gewesen, wenn sie während der Laufzeit nicht ausgeknocked wurde. Im Falle des Erreichens der Barrier hilft eine einfache Betrachtung der Alternativkosten, die zum Zeitpunkt des Knock-Out entstehen, wenn eine identische Position wiederhergestellt werden soll:

Alternative 1	**Alternative 2**
Kauf Plain-vanilla-Put Nikkei 225 Strike „at-the-money" Laufzeit 9 Monate Prämie 7,84 %	Kauf Up-and-Out-Put Nikkei 225 Strike „at-the-money" Knock-Out 10 % über aktuellem Kurs Laufzeit 9 Monate Prämie 5,72 %

Die Optionen wurden mit einer impliziten Volatilität von 24 Prozent p. a. gepriced. Eine Bewegung von 10 Prozent bei dieser jährlichen Volatilität wäre also innerhalb von 5 Monaten ohne weiteres denkbar. Nehmen wir nun verschiedene Zeitpunkte an, zu denen der Nikkei um 10 Prozent gestiegen sei und der Up-and-Out-Put ausgeknocked worden sei. Um eine der Plain-vanilla-Position identische Position wiederherzustellen, muß der Käufer des dann wegfallenden Up-and-Out-Puts zusätzlich Plain-vanilla-Puts erwerben, die dann 10 Prozent „out-of-the-money" sind.

Anstieg um 10 Prozent	
Alternative 1	**Alternative 2**
Plain-vanilla-Put ist damit 10 % „out-of-the-money".	Knock-Out-Put verfällt wertlos. Kauf eines 10 % Out-of-the-money-Puts, um Plain-vanilla-Position zu zu duplizieren

Übersteigt die Summe der Optionsprämien für den Kauf der Knock-Out-Puts und den Kauf der 10 Prozent Out-of-the-money-Puts nach dem Knock-Out die Prämie in Alternative 1, wäre Alternative 1 rein mathematisch sinnvoller gewesen. Nimmt man konstante Optionspreisparameter an, kann errechnet werden, wann Alternative 2 selbst bei Knock-Out günstiger ist. Umgekehrt ist Alternative 1 bei Knock-Out vor diesem Zeitpunkt günstiger.

Alternativkosten bei Anstieg um 10 Prozent		
	Alternative 1	**Alternative 2**
	Prämie bei Kauf 7,84 %	Up-and-Out-Prämie bei Kauf 5,72 %
Knock-Out nach Monaten	Wert der Option (10 % OTM)	Gesamtkosten, um Alternative 1 zu duplizieren
2	3,57 %	9,29 % (5,72 % + 3,57 %)
3	3,12 %	8,84 % (5,72 % + 3,12 %)
5	2,12 %	7,84 % (5,72 % + 2,12 %)
7	0,95 %	6,67 % (5,72 % + 0,95 %)
8	0,30 %	6,02 % (5,72 % + 0,30 %)

Die Up-and-Out-Option ist also günstiger, wenn

- der Nikkei Index fällt
- der Nikkei Index weniger als 10 Prozent steigt
- der Nikkei Index erst nach 5 Monaten um 10 Prozent oder mehr ansteigt.

Die Plain-vanilla-Puts sind dann mathematisch günstiger, wenn der Index innerhalb der ersten fünf Monate um 10 Prozent oder mehr steigt. Nicht zu vergessen bleibt, daß diese Betrachtung von Alternativkosten in der Praxis dann relativiert wird, wenn nach dem Anstieg ohnehin keine Absicherung mehr erwünscht ist. In diesem Falle könnte der Investor zwar die noch vorhandene Option veräußern und stellt sich damit theoretisch besser als im Falle des Knock-Outs, diese Entscheidung wird aber oft nicht vollzogen. In der Praxis bleiben so die Out-of-the-money-Puts oft bis Expiry im Portfolio, um dann nicht selten wertlos zu verfallen.

3.7.3 Delta und Gamma von Barrier-Optionen

Das Delta von Barrier-Optionen birgt auch für die mit Standardoptionen bestens vertrauten Marktteilnehmer interessante Aspekte. Das Delta eines Down-and-Out-Calls ist zum Beispiel größer als das eines einfachen Calls. Die Begründung hierfür ist die Knock-Out-Wahrscheinlichkeit. Steigt der Kurs des Underlyings partizipiert der Down-and-Out-Call hiervon in derselben Weise wie ein Plain-vanilla-Call, denn solange der Down-and-Out nicht ausgeknocked wird, entspricht der Payoff zum Verfall dem des Plain-vanilla-Calls. Zusätzlich wird bei steigendem Kurs des Underlyings auch die Wahrscheinlichkeit des Knock-Outs geringer, da beim Down-and-Out steigende Kurse eine Entfernung des Underlyings vom Knock-Out bedeuten. Die geringere Knock-Out-Wahrscheinlichkeit bedeutet einen zusätzlichen Preisanstieg der Barrier-Option. Dies folgt direkt aus der bereits ausgeführten Logik der Preisreduktion durch die Barrier: Je näher die Barrier am aktuellen Kurs, desto größer die Wahrscheinlichkeit des Knock-Outs und desto größter die Preisreduktion im Vergleich zur Plain-vanilla-Option. Im Umkehrschluß führt eine Entfernung von der Barrier zu einem höheren Preis. Beim Down-and-Out-Call ist das Delta also durch den Effekt der Reduktion der Knock-Out-Wahrscheinlichkeit erhöht. Das Gesamtdelta übersteigt somit das des Plain-vanilla-Calls. Selbiges gilt für einen Up-and-Out-Put bei fallendem Kurs des Underlyings. Das Delta von Barrier-Optionen kann jedoch auch geringer als das der äquivalenten Standardoption sein. Zur Erläuterung sei auf die bereits betrachteten Up-and-Out-Calls verwiesen. Diese Calls steigen durch Zunahme des Intrinsic Value bei Kursanstieg des Underlying. Zugleich nimmt aber die Knock-Out-Wahrscheinlichkeit zu, denn der Knock-Out erfolgt bei dieser Optionsart, wenn die Option „in-the-money“ ist. Somit muß im Umkehrschluß zum Down-and-Out-Call das Delta eines Up-and-Out-Calls geringer sein als das der Plain-vanilla-Option. Allgemein gilt, daß Knock-Outs, die sich dann ereignen, wenn die Option „out-of-the-money“ ist, das Delta erhöhen. Knock-Outs, die erfolgen, wenn die Option „in-the-money“ ist, mindern das Delta. Bei letzteren ist für Profis das Gammaverhalten von besonderem Interesse. Nahe dem Knock-Out sind diese Optionen „in-the-money“ und erfordern eine verhältnismäßig große Hedgeposition für einen Deltahedge. Eine kleine Kursbewegung genügt dann aber, den Knock-Out zu verursachen, wodurch plötzlich die gesamte Deltahedgeposition aufgelöst werden muß. Mit anderen Worten: Der Stillhalter in Barrier-Optionen, deren Knock-Out „in-the-money“ liegt, ist nahe des Knock-Outs sehr stark Gamma „short“.

Die bisherigen Deltabetrachtungen haben sich auf Knock-Out-Optionen bezogen. Die Deltafunktionen von Knock-In-Optionen verhalten sich genau entgegengesetzt. Betrachten wir hierzu einen Down-and-In-Call. Steigt das Underlying, ohne daß die Option zuvor eingeknocked wurde, dann existiert der Call nicht und die Wahrscheinlichkeit, daß er anfängt zu existieren, also eingeknocked wird, wird immer geringer. Somit ist das Delta des Down-and-In-Calls negativ. Dies gilt natürlich nur solange, bis der Call eingeknocked wird. Danach verhält sich die Barrier-Option exakt wie eine Plain-vanilla-Option. Nach dem Knock-In sind Knock-In-Optionen keine Exotics im eigentlichen Sinne mehr, sie entsprechen dann generell den Plain-vanillas.

Knock-Out- und Knock-In-Optionen sind auch die Grundlage für komplexere Optionen, wie die Cliquet-, Ratchet- oder Ladder-Optionen, denen sich der folgende Abschnitt widmet.

3.8 Cliquet-, Ratchet- und Delayed-Optionen

Bei Cliquet-Optionen wird, wie bereits bei Average-Strike-Optionen dargestellt, der Strike-Price der Option verändert. Es wird jedoch kein Durchschnitt gebildet, sondern die Option hat zu Verfall den Strike-Price, der bei der letzten Anpassung festgelegt wurde. Bei Cliquet-Optionen wird der Basispreis zu festgelegten Zeitpunkten, die meist in regelmäßigen Abständen aufeinanderfolgen, angepaßt. Zugleich wird ein eventuell erzielter Innerer Wert festgeschrieben (Lock-in). Cliquet-Optionen, die auch als Ratchet-Optionen bezeichnet werden, erfüllen damit ebenfalls eine der Funktionen der Asiatischen Optionen: Cliquets schützen durch die Lock-ins vor einem Szenario, in dem über lange Zeiträume hinweg die vom Investor antizipierte Marktentwicklung zwar eingetreten ist, der Innere Wert seiner Option aber durch eine plötzliche Marktbewegung gegen Ende der Laufzeit vernichtet wird.

Beispiel für eine 4-Jahres-Cliquet-Call-Option mit jährlicher Anpassung des Strikes an das jeweilige Kursniveau in der Weise, daß die Option jeweils zu Jahresbeginn „at-the-money" ist:

	Index Return	**Cliquet Return**	**Neuer Strike**
Ende Jahr 1	– 10 %	0	90
Ende Jahr 2	+ 5,55 %	+ 5,55 %	95
Ende Jahr 3	+ 10,53 %	+ 10,53 %	105
Ende Jahr 4	– 19,05 %	0	105
		+ 16,08 %	

Der Kurs des Underlyings zu Beginn der Laufzeit sei 100.

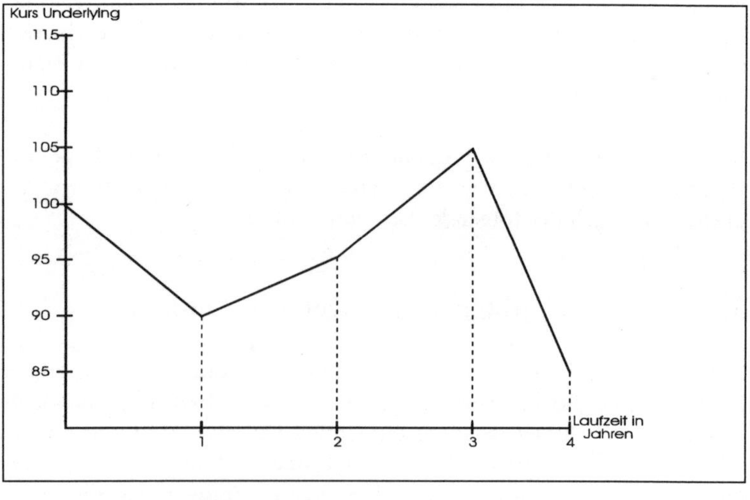

Abbildung 14: Cliquet-Return

Der Return der Cliquet-Option beträgt in der 4-Jahresperiode 16,08 Prozent. Ein einfacher Call hätte einen Return von 0 erzielt. Die Anpassung des Strike-Price wird eine Cliquet-Option natürlich entsprechend teurer machen. Bei einer impliziten Volatilität von 15 Prozent und einer „risk-free rate" von 5 Prozent ergeben sich ohne Berücksichtigung von Dividenden folgende Preise für die beiden 4-Jahres-Calls:

European Call	European Cliquet-Call
22,20 %	34,10 %

Im Beispiel wäre der Gesamtreturn für den Optionskäufer also:

European Call	European Cliquet-Call
– 22,20 % + 0 %	– 34,10 % + 16,08 %
– 22,20 %	– 18,02 %

Cliquet-Optionen bestehen aus einer Serie von Delayed-Optionen. Eine Delayed-Strike-Option ist eine Option, bei der der Strike erst zu einem späteren Zeitpunkt festgelegt wird, die aber sofort bezahlt wird und bei der damit die implizite Volatilität und die weiteren Optionsparameter beim Handel der Option sofort festgelegt werden. Dies ist ein weiterer Vorteil der Cliquet-Option. Die Strike-Preise werden an die Marktentwicklung angepaßt, zugleich stehen aber Zins und Volatilität für die gesamte Laufzeit zu Beginn fest. Dies macht Cliquets zu einer idealen Embedded-Option, also einer Option, die in ein Strukturiertes Produkt eingegliedert wird, denn bei Strukturierten Produkten ist wesentlich, daß Zinsaufwand beziehungsweise Gesamtpreis einer Struktur vorab exakt kalkuliert werden können. Cliquets werden deshalb oft auch im Rahmen langjähriger Garantieprodukte an Privatinvestoren oder im Rahmen von Versicherungsverträgen angewandt. Cliquets outperformen eine Plain-vanilla-Option meist bei Seitwärtstrends oder bei starken Kursrückgängen (Calls) oder Kursanstiegen (Puts) innerhalb einer Periode. Bei stetigen Trends sind Cliquets den Plain-vanilla-Optionen durch den höheren Preis unterlegen.

3.9 Ladder- und Strike-Reset-Optionen

3.9.1 Ladder-Optionen

Die Ladder-Option wird ihrem Namen dadurch gerecht, daß der Basispreis der Option immer nach einer definierten Kursbewegung angepaßt wird. Sie ist damit ähnlich einer Cliquet-Option mit dem Unterschied, daß bei Cliquets eine Anpassung zu bestimmten Zeitpunkten stattfindet, bei Ladders dagegen, wenn das Underlying ein bestimmtes Kursniveau erreicht hat. Die erzielten Kursgewinne werden dann festgeschrieben, jedoch werden die Gewinne einzelner Perioden nicht aufaddiert.

Beispiel für eine 4-Jahres-Ladder-Call-Option mit Anpassung des Strike-Preises nach 5-Prozent-Punkten Kursbewegung, der Kurs des Underlyings zu Beginn der Laufzeit sei 100:

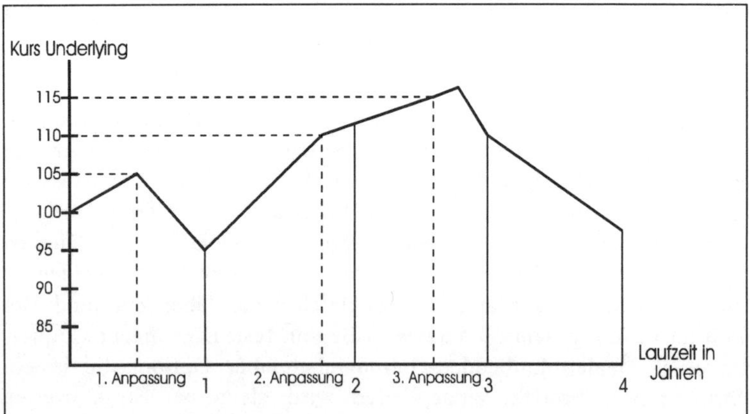

Abbildung 15: Ladder Return

Nach...	Index Return	Ladder Return	Neuer Strike
1. Anpassung	+ 5 %	+ 5%	105
Jahr 1	– 5 %	+ 5 % „locked-in“	bleibt 105
2. Anpassung	10 %	+ 10 %	110
Jahr 2	+ 13 %	+ 10 % „locked-in“ + 3 % Intrinsic Value (nicht festgeschrieben)	bleibt 110
3. Anpassung	+ 15 %	+ 15 %	115
Jahr 3	+10 %	+ 15 %	bleibt 115
Jahr 4	± 0 %	+ 15 % kein weiterer „intrinsic“, da Underlying < 115	115

Der Gesamtpayoff ist somit 15 Prozent. Hätte das Underlying zu Ende der Optionslaufzeit über 115 Prozent notiert, dann hätte die Option identisch einer Plain-vanilla-Option zusätzlichen Inneren Wert erzielt und der Gesamtreturn wäre um diesen Intrinsic Value höher gewesen.

Die Charakteristika der Option sind ähnlich der Cliquets. Die Ladder schreibt Gewinne fest, wie auch Volatilität und Zinsen. Wesentlicher Unterschied ist Zeitpunkt und Art der Anpassung des Strikes. Die Systematik sollte anhand des Beispiels nachvollziehbar sein.

Ladder-Optionen bestehen aus einer Serie von Barrier-Optionen. Sie können ähnlich der nun folgenden Strike-Reset-Optionen in einzelne Optionen zerlegt werden. Da dies für die Ladder etwas komplexer ist als für Strike-Resets, werden in diesem Werk nur letztere auf ihr innerstes Wesen durchleuchtet.

3.9.2 Strike-Reset-Optionen

Im Unterschied zu Plain-vanilla-Optionen wird bei Strike-Reset-Optionen der Basispreis entsprechend der Marktbewegung angepaßt, wenn das Underlying ein bestimmtes Kursniveau erreicht hat. Im Gegensatz zur Ladder-Option wird kein Intrinsic Value festgeschrieben, ein Lock-in existiert nicht. Die Anpassung der Strikes erfolgt mit dem Ziel, nie eine Option zu besitzen, die zu weit „out-of-the-money“ ist.

Die Strike-Resets erfolgen in der umgekehrten Weise zu den Basispreisanpassungen der Ladder.

Beispiel für einen Strike-Reset-Call auf den DAX mit Basispreis „at-the-money" und einem einmaligen Strike-Reset:

Aktueller DAX sei 2.200. Fällt der Markt auf 2.000 wird der Strike angepaßt, so daß er wiederum „at-the-money" ist.

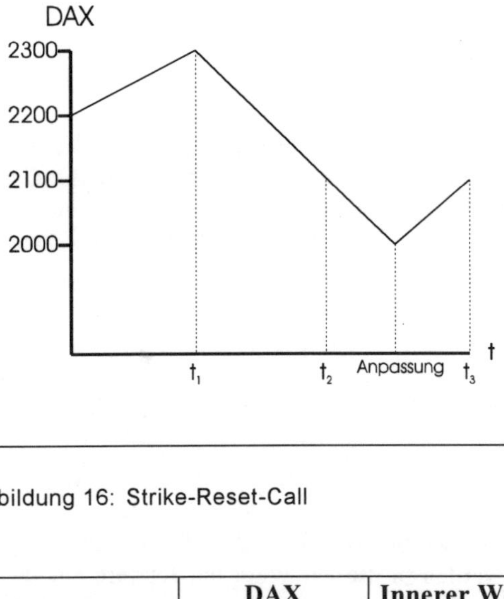

Abbildung 16: Strike-Reset-Call

	DAX in Indexpunkten zur Basis 2.200	Innerer Wert in Indexpunkten	Strike	DAX
Nach t_1	+ 100	+ 100	2.200	2.300
Nach t_2	– 100	0	2.200	2.100
Nach Anpassung	– 200	0	**2.000**	2.000
Nach t_3	– 100	+ 100	2.000	2.100

Obige Strike-Reset Option kann durch das folgende Optionsportfolio substituiert werden:

Welche Option?	**Welche Teileigenschaft der Strike-Reset-Option wird substituiert?**
1. Kauf Down-and-Out-Call Strike 2.200 und Knock-Out 2.000	Partizipation an Kurssteigerung über 2.200
2. Kauf Standard-Call Strike 2.000	Partizipation an Kurssteigerung über 2.000
3. Verkauf Down-and-Out-Call Strike 2.000 und Knock-Out 2.000	Egalisiert zunächst das Delta des Standard-Calls durch denselben Strike.

Position 2 und 3 sind bei DAX > 2.000 ohne Bedeutung, denn sie egalisieren sich. Bei DAX > 2.000 ist damit Position 1 wirksam. Fällt der DAX auf ≤ 2.000, verschwinden Position 1 und Position 3. Position 2 bleibt übrig. Dadurch entspricht die Gesamtposition einem Long-2.200-Call solange DAX > 2.000 und einem Long-2.000-Call, wenn DAX ≤ 2.000. Das Portfolio ist somit identisch einer Reset-Strike-Option. Der Preis des Reset-Strike-Calls kann auf diese Weise im Bausteinverfahren ermittelt werden. Das Procedere zur Berechnung einer Ladder ist leicht komplexer, da mehrere Optionen durch die mehreren Stufen der Leiter involviert sind. Die einzelnen Stufen einer Leiter beinhalten Barrier-Calls oder Barrier-Puts.

3.10 Shout-Option

Shout-Optionen sind Cliquet und Ladders sehr ähnlich, mit der Ausnahme, daß kein festes Procedere zur Strike-Anpassung vereinbart wird, sondern der Käufer der Option das Recht hat, jederzeit den Strike-Reset durch „Zuruf" anzuzeigen. Somit wird bei einem DAX-Shout-Call lediglich die Anzahl möglicher Resets vereinbart. Bei einem Reset und einem Anfangskurs von DAX = 2.000 könnte der Käufer bei DAX = 2.200 eine Basispreisanpassung verlangen. Dann wäre der neue Strike 2.200 und der Minimumpayout entspräche dem einer Ladder mit derselben Konstruktion, also 200 Indexpunkten. Durch die Ungewißheit über die Strike-Anpassung ist diese Option für den Stillhalter schwierig zu hedgen, deshalb relativ teuer und wenig gebräuchlich.

3.11 Digital-, Binary- oder Bet-Optionen

Digital-Optionen werden durch die ebenfalls gebräuchliche Bezeichnung Bet-Optionen wohl am besten charakterisiert. In der Tat handelt es sich bei diesen Optionen um nichts anderes als eine Wette. Der Payoff einer Digital-Option ist entweder 0 oder 100 Prozent, deshalb die Bezeichnung Binary oder Digital. Ein Innerer Wert wird dann erreicht, wenn das Underlying einen bestimmten Kurs erreicht. Dieser Innere Wert ist eine fest vereinbarte Summe und variiert nicht mit den Kursen des Underlyings, wie das zum Beispiel bei einem Standard-Call der Fall ist.

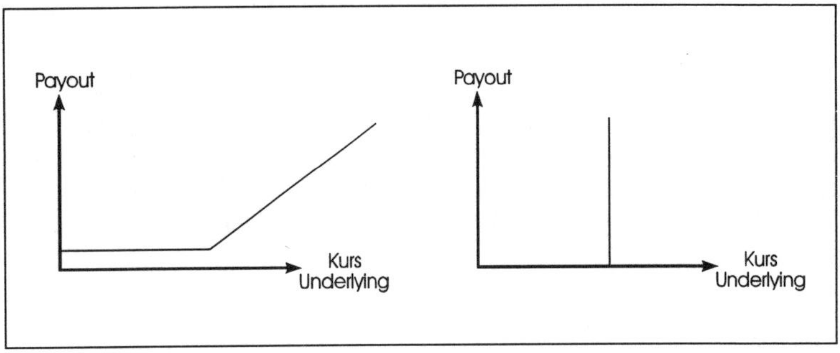

Abbildung 17: Payoff-Call Abbildung 18: Payoff-Bet-Option

Der Käufer der Digital-Option wettet darauf, daß der Kurs des Underlyings einen bestimmten Kurs erreicht und erhält dann einen vereinbarten Betrag. Es werden zwei verschiedene Versionen im Markt angeboten. Zum einen ist eine One-Touch-Digital-Option erhältlich. Hier erhält der Käufer den Betrag, wenn während der Laufzeit der Option der Kurs erreicht wird. Zum anderen werden All-or-Nothing-Digital-Optionen gehandelt, bei denen der Käufer dann einen positiven Return erzielt, wenn zum Laufzeitende das Underlying bei oder über (Call) beziehungsweise unter (Put) dem vereinbarten Kurs notiert. One-Touch-Optionen werden zudem danach unterschieden, ob der Payout sofort erfolgt oder erst zum Laufzeitende. Auch One-Touch-Optionen sind pfadabhängig und nur schwierig zu hedgen. Anbietende Investmentbanken werden die Volumina und Anzahl der Digital-Optionen und Barrier-Optionen, die zum selben Kurs des Underlyings ein beträchtliches Short Gamma beinhalten, begrenzen. Somit sind Digital-Optionen nicht immer im Markt erhältlich. Die All-or-Nothing-Option ist vergleichsweise einfach zu pricen, denn die implizite Volatilität zeigt, mit welcher Wahrscheinlichkeit ein bestimmter Payoff erzielt wird. Bei einer jährlichen Standardabweichung von 20 Prozent werden mit 68,27 Prozent Wahrscheinlichkeit die Kurse in dieser Schwankungsbreite um das Mittel liegen. Nimmt man einen DAX-Kurs von 2.000 Indexpunkten an, wird eine 1-Jahres-Digital-Option mit Strike 1.799 bei obiger Volatilität in etwa wie folgt zu berechnen sein. Die Wahrscheinlichkeit für eine DAX-Range von 2.000 ± 10 Prozent, also 1.800 – 2.200 beträgt 68,27 Prozent. Der Strike von 1.799 wird also mit dieser Wahrscheinlichkeit nicht erreicht. Der Käufer der Option wettet aber auf ein Erreichen des Strikes. Dafür gibt es eine Wahrscheinlichkeit von (100 Prozent – 68,27 Prozent) : 2 = 15,865 Prozent. Die Teilung durch zwei ist erforderlich, da mit weiteren 15,865 Prozent Wahrscheinlichkeit eine Kursbewegung über 2.200 erfolgen kann. Der Käufer wird also mit 15,865 Prozent Wahrscheinlichkeit einen Return erzielen, vorausgesetzt es besteht eine symmetrische Verteilung der DAX-Renditen um den aktuellen Kurs.

Investiert der Käufer einen Betrag von 100.000 DM in diese Option, erleidet er mit 100,00 Prozent – 15,865 Prozent = 84,135 Prozent Wahrscheinlichkeit einen Totalverlust. Um dies wahrscheinlichkeitstheoretisch auszugleichen und eine Arbitrage zu verhindern, muß er, da er nur 15,865 Prozent Chance auf einen Return hat, im Falle des Erreichens des 1.799-Strikes einen Erlös von

$$\frac{100\,\%}{15{,}865\,\%} \cdot 100.000\text{ DM} = 6{,}30 \cdot 100.000\text{ DM} = 630.000\text{ DM}$$

auf sein Investment erzielen. Die Digital-Option ist dann so konstruiert, daß bei DAX = 2.000 eine 1-Jahres-All-or-Nothing-Option, die 100 DM Rückzahlung pro Einheit bietet, eine Prämie von

$$\frac{100}{6{,}30} = 15{,}87\text{ DM}$$

kostet. Mit anderen Worten: Die Prämie entspricht ohne die Kosten, die eine anbietende Bank mit einbeziehen muß, unter den genannten

Voraussetzungen der Wahrscheinlichkeit, einen Gewinn zu erzielen. Zu berücksichtigen bleibt, daß zum Beispiel Dividenden die Wahrscheinlichkeiten verändern und die Indexrenditen historisch nicht exakt gleichverteilt sind.

3.12 Chooser-Option

Diese Option erlaubt es dem Käufer, zu einem späteren Zeitpunkt zu definieren, ob die Option ein Call oder ein Put sein soll. Sie ist damit einem Straddle ähnlich, ist aber günstiger, da nach der Entscheidung der Käufer nur eine Option besitzt und nicht wie beim Straddle, zwei Optionen.

Chooser-Optionen sind um so teurer, je länger die Frist ist, innerhalb derer sich der Käufer entscheiden kann. Dies leuchtet ein, denn je länger die Entscheidungsfrist, desto höher die Wahrscheinlichkeit für eine ausgeprägte Bewegung des Underlyings innerhalb der Frist.

3.13 Pay-Later- oder Contingent-Optionen

Die Prämie für den Kauf von Pay-Later-Optionen, die auch Contingent-Optionen genannt werden, muß nur dann entrichtet werden, wenn die Option bei Verfall „in-the-money“ ist. Dann muß die Prämie aber auf jeden Fall vom Käufer bezahlt werden, auch wenn der Innere Wert geringer ist als die Prämie. Ist die Option „out-of-the-money“, muß keine Prämie entrichtet werden. Diese Option stellt zunächst scheinbar das optimale Spekulationsinstrument dar: Bezahlt wird nur, wenn die erwartete Entwicklung auch eingetreten ist. Dies ist zwar richtig, der Schluß liegt aber nicht fern, daß Pay-Later-Optionen, wenn die Prämie entrichtet werden muß, auch teurer sein müssen als Standardoptionen.

Dennoch stellen sie eine interessante Optionsform für Hedger dar, die Hedgekosten erst dann ausgeben wollen, wenn das Underlying tatsächlich gefallen ist. Psychologisch bieten diese Optionen den wesentlichen Vorteil, daß einem Portfoliomanager niemals der Vorwurf gemacht werden kann, unnütze Prämie ausgegeben zu haben. Die Pay-Later-Option besteht aus einer Kombination von Standardoptionen und einer All-or-Nothing-Digital-Option.

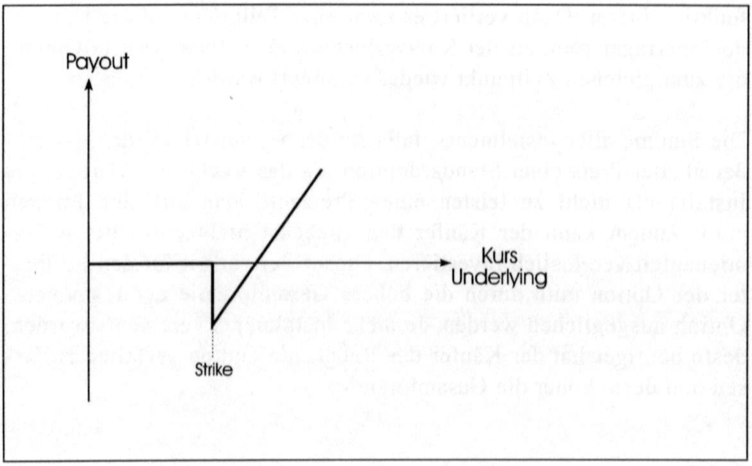

Abbildung 19: Payoff-Pay-Later-Option

3.14 Instalment-Optionen

Bei Instalment-Optionen bezahlt der Käufer nur einen Teil der Optionsprämie zum Kaufzeitpunkt. Die Gesamtprämie wird in einzelnen Instalments, also Raten, deren Zeitpunkte beim Kontraktabschluß festgelegt werden, entrichtet. Vor jeder Fälligkeit eines Instalments kann der Investor entscheiden, ob er das fällige Instalment bezahlen will oder ob er durch annullieren der Zahlungsverpflichtung die Optionen verfallen läßt. Die Payoff-Charakteristika bei Leistung aller Instalments sind identisch mit denen der Plain-vanillas. Welche Vorteile bringt die Instalment-Option für den Käufer? Zum einen kann eine gleichmäßige Verteilung des Aufwandes für den Optionserwerb auf mehrere Geschäftsperioden erfolgen. Die Prämie für einen Put, der der Absicherung über mehrere Geschäftsjahre dient, muß somit nicht im Jahr des Erwerbs das Ergebnis voll belasten, sondern es erfolgt eine wirtschaftlich gerechtere Aufwandserfassung. Zum anderen kann der Investor bereits bei Fälligkeit des zweiten Instalments entschieden haben, daß er keinen Bedarf an der Option mehr hat. Dann kann er die Option wertlos verfallen lassen, indem er die zweite Zahlung nicht leistet. Für den Käufer eines Puts kann diese Entscheidung sinnvoll sein, wenn das Underlying bei Fälligkeit einer Rate stark gestiegen ist und der Put nur noch begrenzte Absicherungsfunktion bietet. Dann verliert er zwar eine Teilprämie, diese kann jedoch geringer sein, als der Kursverlust auf einer Plain-vanilla-Option, die zum gleichen Zeitpunkt wieder veräußert wurde.

Die Summe aller Instalments, falls sie denn geleistet wurden, ist größer als der Preis einer Standardoption, da das Recht des Käufers, die Instalments nicht zu leisten einen Preisaufschlag mit sich bringen muß. Zudem kann der Käufer den zunächst nicht entrichteten Prämienanteil verzinslich investieren. Dieser Zeitverlust für den Stillhalter der Option muß durch die höhere Gesamtprämie der Instalment-Option ausgeglichen werden. Je mehr Instalments vereinbart wurden, desto häufiger hat der Käufer das Recht, die Option verfallen zu lassen und desto höher die Gesamtprämie.

3.15 Compound-Optionen

Die Compound-Option zählt zu der Gruppe exotischer Optionen, die zunächst eine drastische Senkung der Optionsprämie im Vergleich zu Plain-vanillas ermöglichen. Compound-Optionen oder Compounds sind Optionen auf Optionen. Das Underlying eines Compounds ist also wiederum eine Option. Somit sind vier verschiedene Compound-Optionen denkbar, konkret ein Call auf einen Call, ein Call auf einen Put, ein Put auf einen Put und ein Put auf einen Call. Das Pricing von Compound-Optionen ist insofern komplex, als die historische Volatilität des Underlying nicht existiert. Die Volatilität des Underlyings, also die Preisschwankungen der Underlying Option, hängt schließlich von der impliziten Volatilität der Underlying Option ab.

Damit bedeutet eine Compound-Option den Handel von impliziter Volatilität auf eine andere implizite Volatilität. Entsprechend sensitiv sind Compound-Optionen gegen Volatilitätsschwankungen.

Die beiden am meisten verbreiteten Anwendungsgebiete für Compounds sind die Spekulation mit hohem Hebel wie auch das Hedging.

Am *Beispiel* eines Calls auf einen Put soll dies gezeigt werden:

Ein Investor erwirbt einen Compound-Call auf einen Put. Er erwirbt damit das Recht, aber nicht die Pflicht, das Underlying zu einem bestimmten Preis zu erwerben. Da das Underlying ein Put ist, erwirbt er mit dem Kauf des Compounds das Recht, den Put zu einer bestimmten Prämie zu erwerben. Oft wird der Strike des Compound-Calls „at-the-money" gewählt. Vorsicht: Der Strike des Compounds bezieht sich auf die Put-Prämie, „at-the-money" bedeutet also der Preis, zu dem der Put erworben werden kann, er entspricht dem aktuellen Put-Preis.

Kauf eines Calls auf einen FTSE-100 Put.
Strike des Compounds = aktueller Put-Preis („at-the-money")
FTSE-100 Index bei 3500.00
Strike des Puts = 3500.00 („at-the-money")
Laufzeit des Puts = 1 Jahr
Laufzeit des Compounds = 3 Monate
Preis des Puts = 140 Indexpunkte
Preis des Compound-Calls = 45 Indexpunkte

Der Käufer des Compounds erwirbt das Recht, einen 3500er FTSE-46 Put zu 140 Indexpunkten innerhalb der drei Monate zu erwerben. Was ist die Bedeutung dieses Rechts? Zum einen kann er sich für die vergleichsweise geringe Compound-Prämie den Kurs des 3500er-Puts sichern. Fällt der FTSE-100 Index, wird der Preis des Puts steigen. Nimmt man das Delta des Puts mit 0,50 an, dann wird ein Kursrückgang des FTSE-100 um 200 Indexpunkte innerhalb der drei Monate einen Kursanstieg des Puts von 140 auf 240 Indexpunkte bewirken. Der Compound-Call, der das Recht gibt, den Put zu 140 Indexpunkten zu erwerben hat dann einen Inneren Wert von 100 Indexpunkten. Somit ist der Wert des Compound bei gleichbleibenden Volatilitäten von 45 auf 100 angestiegen. Die prozentuale Kurssteigerung der Compounds zeigt den Anreiz dieser Exotics für Spekulanten. Der Hedger kann nach dem Kursrückgang des Index den Put zum Strike des Compounds, als für 140 Indexpunkte erwerben. Die Gesamtprämie für den Hedge beträgt dann 140 + 45 = 185 Punkte und somit mehr als für den einfachen Kauf des Puts. Was ist also der Vorteil des Compounds für den Hedger? Nun, betrachtet man obiges Beispiel, entrichtet er zwar eine höhere Gesamtprämie. Zu dem Zeitpunkt, zu dem er sich entscheidet dies zu tun, ist jedoch die Option die er erwirbt auch bereits 200 Indexpunkte „in-the-money". Bei Kauf des Plain-vanilla-Puts wäre die Option zunächst nur „at-the-money". Der wesentlichste Vorteil ist jedoch die Wahlmöglichkeit bei einer unsicheren Einschätzung des Marktes. Zu Beginn der Ein-Jahres-Periode, weiß der Investor, daß eine Absicherung dann nötig ist, wenn der Index fällt, da sein Portfolio nicht unter einen vorgegebenen Gesamtwert fallen darf. Zugleich hält er aber einen Kursrückgang für wenig wahrscheinlich. Der Erwerb der Compounds gibt ihm die nötige Sicherheit, eine Absicherung quasi im Nachhinein zum alten Preis erwerben zu können. Zusätzlich ist der Prämienverlust, sollte seine Marktmeinung sich bestätigen, geringer als beim Kauf der Plain-vanillas.

3.16 Power-Optionen

Power-Optionen sind durch eine mathematische Veränderung des Payoffs der Plain-vanillas entstanden. Die Optionen werden auch als Squared-Optionen bezeichnet und sind je nach Risikoneigung beliebig zu erweitern. Bei Squared-Call-Optionen wird zu Ende der Laufzeit der Innere Wert nicht als

$$\max\,[0, S_E - K]$$

also der Differenz zwischen Kurs des Underlyings bei Expiry (S_E) und Strike K festgelegt, sondern als

$$\max\,[0, (S_E - K)^2].$$

Die Kursveränderung wird also im für den Käufer günstigen Fall quadriert. Diese Optionsart zielt eindeutig auf Spekulanten, die hohen Leverage erzielen wollen beziehungsweise auf Stillhalter, die eine sehr starke Marktmeinung umsetzen wollen. Stillhalter, die sich ihrer Meinung sehr sicher sind, können damit höhere Optionsprämien erzielen als durch Plain-vanillas. Die Erfahrungen einiger institutioneller Investoren als Stillhalter dieser Optionen waren im Jahr 1994, als zahlreiche dieser geschriebenen Optionen auf LIBOR-Geldmarktsätze plötzlich von einem Zinsanstieg betroffen waren, äußerst negativ.

Für Privatanleger sei erwähnt, daß die in Deutschland auch am Optionsscheinmarkt erhältlichen Produkte diese Quadrierung nur innerhalb einer sehr engen Spanne des Underlyings anbieten. Damit erfordern sie ähnlich einem Call Spread, dessen Strikes nahe beisammen liegen, eine sehr exakte Markteinschätzung.

Die Quadrierung kann mathematisch fortgesetzt wurden, und in der Praxis wurden Produkte mit einer vierfachen Potenzierung bereits gehandelt. Aufgrund der nahezu unkontrollierbaren Gammafunktion nahe des Strikes, werden Stillhalter jedoch auch in der Zukunft nicht bereit sein, höhere Potenzierungen zu handeln.

3.17 Convex-Optionen

Convex-Optionen wurden durch Finanzingenieure entwickelt und zu Beginn des Jahres 1995 zum ersten Mal nennenswert in die Praxis umgesetzt. Der Innere Wert bei Verfall folgt einer konvex gekrümmten Kurve und bietet einen höheren Return als eine Plain-vanilla-Option. Eine Convex-Call-Option ist einem Call Spread ähnlich insofern, als eine konvexe Kurve das Gewinnpotential für den Käufer nahezu begrenzt.

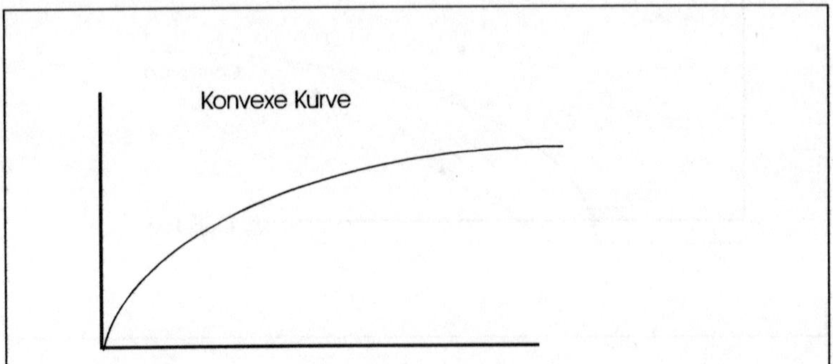

Abbildung 20: Konvexer Kurvenverlauf

Im Vergleich zu einem einfachen Call ergibt sich die Konvexität durch eine Veränderung des Payoffs. Während der Plain-vanilla-Call den Payoff

max [0, S_E – K] hat,

ist der Payoff der Convex-Option durch

$\max\left[0, \frac{S_E - K}{S_E}\right]$ gekennzeichnet.

Damit nimmt die Steigung der Tangente an der Kurve im Intervall ab, so daß durch die größere Importanz von S_E im Vergleich zu K eine konvexe Kurve entsteht. Ein Convex-Call mit Strike 3500 im FTSE-100 stellt sich graphisch im Vergleich zum Plain-vanilla-Call folgendermaßen dar:

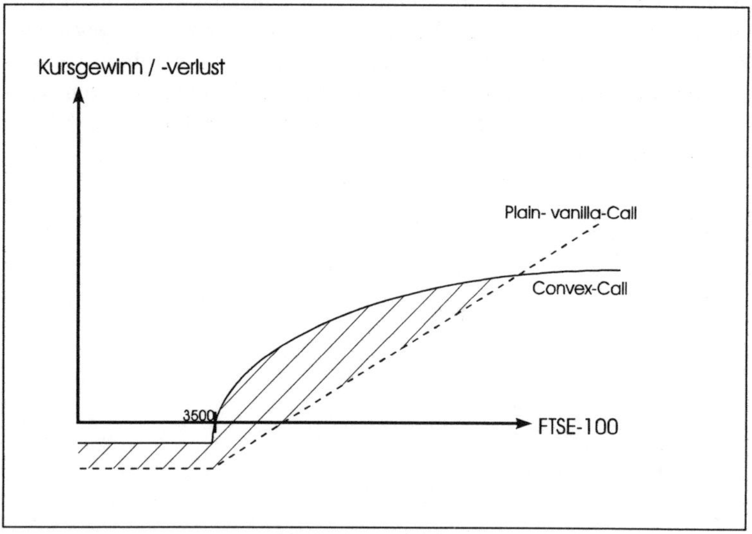

Abbildung 21: Payoff-Vergleich von Convex-Call und Standard-Call bei Expiry

Bei Kursentwicklungen im Rahmen der schraffierten Fläche zum Expiry ist der Vorteil der Convex-Option klar zu erkennen. Sie ist fast immer günstiger als ein Call Spread, kann aber durch diesen annäherungsweise gepriced werden.

3.18 Range-Optionen

Range-Optionen sind in Deutschland auch am Optionsscheinmarkt mit zahlreichen phantasievollen Begriffen wie Hamster, E.A.R.N. oder Bandbreiten-Optionsscheinen bekannt und es ist wohl nicht zu leugnen, daß ihre Ursprünge nicht ohne Verbindung zu deutschem Steuerrecht waren.

Inzwischen bieten diese Optionsscheinprodukte jedoch ähnlich dem OTC-Markt eine sinnvolle Möglichkeit, an Marktentwicklungen zu partizipieren, bei denen der Kauf anderer Optionen meist Verluste bringt, namentlich an Seitwärtstrends im Underlying. Der Käufer von Range-Optionen entrichtet eine Optionsprämie für eine Option, die für jeden Handelstag, den das Underlying innerhalb einer definierten Bandbreite notiert, eine definierte Rückzahlung bietet.

Eine Range-Option auf den DAX mit einer Laufzeit von einem Jahr und eine Range von 1.900 bis 2.100 bei einem DAX von 2.000 könnte zum Beispiel 100 DM kosten. Für jeden Handelstag, den der DAX innerhalb der Range schließt, würde die Option 0,75 DM an Rückzahlung ansammeln. Bei angenommen 250 Handelstagen innerhalb der Ein-Jahres-Frist würde die Rückzahlung dann 0,75 DM x 250 = 187,50 DM betragen, falls der DAX an jedem der 250 Tage innerhalb der Range geschlossen hätte. Für jeden Tag außerhalb der Range verliert der Käufer 0,75 DM an potentieller Rückzahlung. Der Break-Even von 100,00 DM wird dann erreicht, wenn der DAX an 100 : 0,75 = 134 Tagen innerhalb der Bandbreite schließt. Die Rückzahlung der Range-Option hat somit ein Element der Zinszahlung. Die Range-Option kann aus einer Serie von One-Touch-Bet-Optionen konstruiert werden. Der Käufer der Range-Option ist Stillhalter von One-Touch-Bet-Optionen, und zwar von je einer Option pro Tag und Grenze. Da die Range aus zwei Grenzen besteht, veräußert der Käufer obiger Range-Optionen eine 2.100 One-Touch-Digital-Option und eine 1.900 One-Touch-Digital-Option pro Tag der Laufzeit. Die Laufzeiten der Optionen betragen zu Beginn der Jahresfrist von einem bis 250 Tagen. Insgesamt wurden also 2 x 250 = 500 Optionen verkauft, die 250 verschiedene Laufzeiten haben.

Das Pricing von Range-Optionen ist beträchtlich komplex. Range-Optionen bieten für die anbietenden Banken den Vorteil, daß der Händler innerhalb der gesamten Range eine Long-Gamma-Position hält. Etwas schwieriger ist die Gammafunktion bei den Grenzen der Range, an denen das Gamma sich umkehrt. Deshalb ergeben sich für professionelle Käufer von Ranges nicht unbeträchtliche Chancen auch bei der Spekulation in Range-Optionen, deren Underlying inzwischen zwar außerhalb der Range handeln, aber gute Chancen haben, in die Range zurückzufallen oder wieder in die Range zu steigen. Diese Range-Optionen besitzen oft beträchtliche Delta, Gamma und damit Leverage-Chancen.

3.19 Best-Of-Optionen und Rainbow-Optionen

Best-Of-Optionen, die auch Better-Of-Optionen genannt werden, beziehen sich auf zwei Underlyings.

Der Käufer eines Better-Of-Calls erhält bei Expiry einen Inneren Wert, der sich an dem Kurs desjenigen Underlying orientiert, das seit Kauf des Calls die bessere Performance gezeigt hat. Ein Better-Of-Call für DAX und FTSE, der „at-the-money" mit einer Ein-Jahres-Laufzeit erworben wird, hat bei Verfall die bessere der beiden Performances zum Inneren Wert. Steigt der DAX bis Verfall um 8 Prozent und der FTSE um 9 Prozent, hat die Option einen Inneren Wert von 9 Prozent. Die Assets können in absoluter Indexperformance in lokaler Währung oder aber in jeder anderen Währung definiert werden. Somit kann eine Better-Of-Option auch auf die DM-Performance des DAX verglichen mit der DM-Performance des FTSE erworben werden. Better-Of-Optionen müssen durch die enorme zusätzliche Chance teurer sein als Plain-vanillas. Sie hätten theoretisch nur dann den identischen Kurs, wenn die beiden Underlyings absolut perfekt und stabil mit 100 Prozent positiv korreliert wären. Je geringer die Korrelation der Assets, desto teurer die Option. Dies gilt auch für negativ korrelierte Assets. Rainbow-Optionen bieten dieselben Eigenschaften für eine Vielzahl von Underlyings. Eine Best-Of-Option, bei der mehr als zwei Underlyings zugrunde liegen, wird also als Rainbow-Option bezeichnet.

3.20 Spread- und Outperformance-Optionen

Spread-Optionen beziehen sich wiederum auf zwei Underlyings. Im Gegensatz zu Better-Of-Optionen wird jedoch nicht die bessere der beiden Performances für einen Call zur Festlegung des Inneren Wertes herangezogen, sondern die relative Entwicklung der beiden Assets. Bei Spread-Optionen wird ein Underlying durch Subtraktion des einen Assets vom anderen gebildet. Damit ist Underlying = Kurs Asset 1 – Kurs Asset 2. Die Spread-Option ist also eine Option auf die absolute Kursdifferenz zweier Underlyings. Sie entspricht damit einer Option auf einen theoretischen Spread aus Long Future des Assets 1 gegen Short Future des Assets 2. Wohlgemerkt entspricht sie der Option auf den Spread, nicht dem Spread der Einzeloptionen und limitiert für den Käufer den Verlust, den er bei der Position Long Future gegen Short Future erfahren könnte.

Die Outperformance-Option bezieht sich im Unterschied zur Spread-Option auf die relative Outperformance, also die prozentuale Outperformance, des einen Assets über das andere Asset. Der Payoff ist

$$\max(0, P_A - P_B)$$

wobei

$$P_A = \text{Performance Asset A} = \frac{A_1 - A_o}{A_o}$$

$$P_B = \text{Performance Asset B} = \frac{B_1 - B_o}{B_o}$$

und

A_1/B_1 = Preise der Assets zu Expiry
A_0/B_0 = Preise der Assets zu Laufzeitbeginn

Sowohl Spread-Optionen als auch Outperformance-Optionen bieten den Vorteil, daß die Richtung der Kursentwicklung nicht von Bedeutung ist. Eine Outperformance-Option auf den CAC gegen DAX hat bei einer Kursentwicklung von CAC = + 5 Prozent und DAX = – 10 Prozent bei Expiry einen Inneren Wert von + 15 Prozent. Die Preise beider Optionen sind wiederum abhängig von Korrelationen der Assets. Es gilt das zu den Best-of-Optionen gesagte.

3.21 Double-Barrier-Optionen

Double-Barrier-Optionen sind Barrier-Optionen, die mit zwei Barriers ausgestattet sind. Sie werden sowohl als Knock-Ins als auch Knock-Outs gehandelt. Sie verstärken die Aspekte der Barrier-Optionen, die mit Volatilität in Verbindung stehen. Der Käufer einer Double-Barrier-Knock-Out-Option wird bei einem bis zur einen Barrier steigenden Markt oder bei einem bis zur zweiten Barrier sinkenden Kurs des Underlyings ausgeknocked. Dieses doppelte Knock-Out-Risiko verbilligt die Option noch stärker als ein einfacher Knock-Out. Die Strategie verlangt einen Rückgang der Volatilität oder profitiert bei einem Trend innerhalb der beiden Barriers. Zu unterscheiden ist sie von der Range-Option insofern, als ein Handel innerhalb der Range nicht automatisch einen Kursgewinn bedeutet. Ein Double-Barrier-Knock-Out-Call erfordert einen steigenden Markt innerhalb der Barriers. Das Pricing kann anhand von Binomial-Modellen oder Trinomial-Modellen erfolgen, wobei es komplex ist, da infinite Rechenvorgänge entstehen. Die Rechenvorgänge der Double-Barrier sind ähnlich der Situation, zwischen zwei Spiegeln zu stehen. Das Spiegelbild des Spiegelbildes, das durch den gegenüberliegenden Spiegel produziert wird, produziert ein weiteres Spiegelbild.

3.22 Lock-In-Optionen oder Exploding-Optionen

Lock-In- oder Exploding-Optionen sind Optionen, die bei Erreichen einer Barrier einen festen Betrag auszahlen. Wird die Barrier nicht erreicht, entsprechen sie Plain-vanilla-Optionen. Sie sind günstiger als Plain-vanilla-Optionen, denn der Betrag der bei Knock-In bezahlt wird, wird so gewählt, daß er geringer ist als der zu diesem Zeitpunkt erreichte Innere Wert. Lock-In-Optionen entsprechen teilweise den Barrier-Optionen mit Rebate. Sie sind bislang weniger gebräuchlich und können mit Binomial-Modellen oder unter Anwendung der Fokker-Planck-Gleichung aus der Physik gepriced werden.

4. Risikomanagement mit Derivaten in der Praxis

Nach den umfangreichen Ausführungen zu den bislang handelbaren Derivaten zeigt dieser Abschnitt, in welchen Bereichen des Risiko- und Portfoliomanagements Derivate eine bedeutende Rolle spielen und wie sie eingesetzt werden. Selbstverständlich werden außerhalb der dargestellten Bereiche Derivate aufgrund ihrer Leverage-Funktion auch zu reinen Spekulationszwecken genutzt, wie zum Beispiel von Hedge-Fonds. Die Möglichkeiten zur Spekulation sind jedoch bei theoretischer Kenntnis der Produkte recht einfach zu erfassen und wurden teilweise bereits dargestellt. Dieser Abschnitt behandelt sie deshalb nicht weiter. Die Nutzung von Derivaten zu steuereffektiven Kapitalmarkttransaktionen ist in der Praxis ebenfalls verbreitet, eine Abhandlung hierüber würde den Rahmen des Werkes jedoch sprengen. Berücksichtigt man eine Vielzahl von Doppelbesteuerungsabkommen und Steuerungleichheiten, insbesondere im Cross-border-Geschäft und die Tatsache, daß bei einzelnen Banken ganze Mitarbeiter-Teams dieses Geschäft betreiben, ist dies sicher verständlich.

4.1 Absicherungen

Mit Futures und Optionen können Portfolios wirkungsvoll gegen Kursverluste geschützt werden. Besonders sinnvoll wird in der Mehrzahl der Fälle eine Absicherung mit Up-and-Out-Puts sein, wie im dritten Abschnitt ausführlich dargestellt.

Generell bieten Hedging-Instrumente einige wesentliche Vorteile gegenüber dem einfachen Verlauf der risikobehafteten Assets. Generell kann der Investor durch eine Absicherung ein Asset unter langfristigen Gesichtspunkten bewerten und sich gegen kurz- und mittelfristige Marktbewegungen schützen. Es sind grundsätzlich Absicherungen einzelner Papiere beziehungsweise Märkte oder des gesamten Portfolios denkbar.

Die Absicherung eines Gesamtportfolios sollte im Idealfall die Portfoliozusammensetzung nicht beeinflussen, das heißt, die einzelnen Positionen sollten dadurch nicht verändert werden. Zudem ist eine Absicherung um so interessanter, je stärker sie sich selbst finanziert. Grundsätzlich sollte jedoch davon ausgegangen werden, daß die Absicherung einen Preis hat, vergleichbar einer Versicherungsprämie.

Anhand verschiedener Risikostrukturen der einzelnen Hedge-Instrumente sollten Hedges danach unterschieden werden, ob Gewinnpotentiale erhalten bleiben. Die Begrenzung des Verlustrisikos ist grundsätzlich um so günstiger, je weniger Gewinnpotential erhalten bleibt. Bei steigenden Kursen wird dieser Vorteil durch entgangene Gewinne jedoch schnell überkompensiert. So sind für einen At-the-money-Standardput mit sechsmonatiger Laufzeit auf den DAX 4 bis 5 Prozent des Wertes des Underlyings aufzuwenden. Ein Hedge mit Futures ist also bei einem Anstieg von über 5 Prozent aufgrund der Opportunitätskosten (entgangene Gewinne) im Nachteil.

Die folgenden Absicherungsstrategien werden deshalb danach unterschieden, ob ein Gewinnpotential des Underlyings für den Halter verbleibt oder aufgegeben wird.

Absicherungen erfordern eine exakte Beantwortung der Fragen, weshalb abgesichert wird und welche Risiken abgesichert werden sollen. Durch exotische Optionen und strukturierte Produkte kann ein Hedge sehr exakt dargestellt werden und durch eine genaue Definition der Risiken kann der Hedge oft verbilligt werden. Ein Beispiel hierfür ist der Up-and-Out-Put.

4.1.1 Risikodefinition

Die Markt- oder Kursrisiken, die Portfoliomanager eingehen, lassen sich in zwei grundsätzlich verschiedene Risikoarten einteilen. Zum einen das absolute Verlustrisiko, also das Risiko einer Verminderung des Gesamtwertes des Portfolio durch Kursrückgänge. Zum anderen das Risiko einer Abweichung von einem Performancemaßstab, der nicht in absoluten Werten ausgedrückt wird. Für den Manager eines Aktienportfolios aus deutschen Standardwerten könnte solch eine Benchmark der DAX sein. Wird sein Erfolg an der relativen Performance des Portfolios im Vergleich zum Index gemessen, hat er bei einem Kursrückgang des Index um 10 Prozent bereits erfolgreich agiert, wenn das Portfolio nur um 9 Prozent fällt. Das absolute Verlustrisiko spielt für ihn eine untergeordnete Rolle. Diese Aufteilung in absolute und relative Risiken erfordert verschiedene Hedgingstrategien. Neben den reinen Kursrisiken oder relativen Performancerisiken geht der Portfoliomanager zusätzlich Kreditrisiken ein, wenn Geschäfte im OTC-Markt getätigt werden. Diese sind begrenzt zusätzlich absicherbar durch einfache Garantien zum Beispiel von Institutionen mit dem erwünschten Rating oder durch weitere Derivate, den Credit Derivatives. Letztere stecken allerdings noch in den Kinderschuhen.

Die Abschnitte 4.1.2 und 4.1.3 behandeln Absicherungen des klassischen Risikos, das durch die Wahrscheinlichkeitsverteilung der Erträge einer Finanzinvestition charakterisiert ist. Im Abschnitt 4.1.4 wird ein innovativer Absatz zum Benchmark-Hedging, also dem Hedging des relativen Risikos aufgezeigt. Die wohl innovativsten Risikomanagementprodukte, die Credit Derivations, runden dann die Absicherungsstrategien in der Praxis ab.

Die absolute Risikomessung basiert auf der im Abschnitt 1.2.3 aufgezeigten Erfassung des Risikos einzelner Assets. Hat der Investor den einzelnen Anlagealternativen subjektive Wahrscheinlichkeiten zugeordnet und deren Varianzen ermittelt, bleibt die Aufgabe der Ermittlung des Risikos des Gesamtportefeuilles. Durch Zuordnung subjektiver Wahrscheinlichkeiten für jeden denkbaren Portfolioertrag kann der Investor eine Verteilung definieren, wobei die Summe der Wahrscheinlichkeiten „eins" betragen muß. Die Angabe subjektiver Wahrscheinlichkeiten für ein Gesamtportfolio wird jedoch aufgrund der Vielzahl der Einzelanlagen äußerst schwierig sein, wenn das Portfolio nicht ausschließlich risikolose Papiere enthält. Die Portfolio-Theorie kann hier begrenzt weiterhelfen. Sie sieht den Gewinn eines Portfolios als Zufallsvariable und geht davon aus, daß Kursänderungen in etwa normal verteilt sind. Die Normalverteilung mag zwar eine gewisse Hilfestellung liefern, doch die Charakterisierung einer Verteilung erfordert auch einen Mittelwert. Dieser wird für ein Gesamtportfolio wiederum nur ungenau schätzbar sein. Deshalb versucht die Portfolio-Theorie, die einfacher ermittelbaren Risiken der Einzelanlagen zusammenzufassen, um ein Gesamtrisiko zu ermitteln. Es liegt nahe, hierzu die Varianzen der Einzelanlagen zu addieren. Berücksichtigt werden muß aber auch, daß sich die Risiken der Einzelanlagen gegenseitig relativieren können, da ein Umweltzustand, der den Ertrag der einen Anlage sinken läßt, den Gewinn einer anderen getätigten Investition heben kann. Statistisch ausgedrückt sind solche Anlagealternativen negativ korreliert. Investitionen, die als Einzelanlagen hohe Varianzen aufweisen, können, wenn sie in einem Portfolio kombiniert werden, dadurch wesentlich weniger risikobehaftet sein. Deshalb muß bei der Ermittlung der Gesamtvarianz des Gesamtrisikos eines Portfolios die Korrelation der Einzelanlagen, ausgedrückt durch Kovarianz oder Korrelationskoeffizient, berücksichtigt werden. Die Portfolio-Selection-Theorie, die ihre grundlegende Darstellung bei Markowitz findet, zeigt, daß das Risiko eines Portefeuilles bei einer unbegrenzten Zahl von unabhängigen Anlagealternativen auf Null reduziert werden kann. Solche Alternativen, die einen Korrelationskoeffizient von Null haben, sind in der Praxis jedoch kaum verfügbar. Eine Risikominderung durch Diversifikation kann dadurch nur für ein Teilrisiko erfolgreich sein. Nach der Capital Asset Pricing Theory von Sharpe/Lintner wird dieses Teilrisiko als unsystematisches Risiko bezeichnet. Diese weitere Differenzierung des Risikobegriffes führt zu dem Begriff des systematischen Risikos, das auch allgemein als Marktrisiko bezeichnet wird und das durch Diversifikation nicht abgesichert werden kann. Aufgrund dieser Erkenntnis wurde bei Fondsmanagern immer mehr eine Performance im Rahmen der Gesamtmarktentwicklung erwünscht und es wurden neue Risikomaße entwickelt, die auf einen Vergleich des Portefeuilles mit einem zugrundeliegenden Index abzielen. Es handelt sich um den Alpha- und den Beta-Faktor. Alpha- und Beta-Faktoren werden zunächst für einzelne Aktien ermittelt. Der Beta-Faktor des Portfolios ist dann das arithmetische Mittel aus der Summe der nach wertmäßigen Anteilen gewichteten Beta-Faktoren der einzelnen Positionen. Er gibt das Verhältnis der prozentualen Veränderung eines Portfolios im Vergleich zur prozentualen Veränderung eines Indexes an. Der Alpha-Faktor bezeichnet eine konstante Mehr- oder Minderrendite eines Portfolios zum Index.

4.1.2 Absicherungen unter Aufgabe des Kurspotentials

4.1.2.1 Hedge mit Indexfutures

Der Verkauf von Futures dient als Substitut für die Bildung einer risikolosen Kasseposition. Gehedged wird grundsätzlich das systematische Risiko. Short Futures vermindern also nach den klassischen Risikomaßstäben der Portfoliotheorie (z. B. Standardabweichung) das Risiko des Portefeuilles. Bei steigenden Kursen entspricht das „Risiko“ des Hegdes dem „Risiko“ Kasse zu halten. Somit wirken sich Short Futures im Risikoprofil des Portfolios risikomindernd aus. Im Gegensatz zur Kassebildung wird beim Hedge mit Futures bei steigenden Kursen

1. ein Verlust aus Futures ausgewiesen, der aber durch
2. einen Gewinn in der Aktienposition (die bei Kassebildung nicht mehr vorhanden wäre)

kompensiert wird.

Beim Verkauf der Aktien wirkt erhöhend die Verzinsung der Kasseposition. Dieser Verzinsung entspricht beim Future-Verkauf der Rückgang der Basis.

Die Vorteile der Short Futures gegenüber dem Verkauf am Kassamarkt liegen in schneller, günstiger und anonymer Umsetzung bei unveränderter Asset Allocation im Portfolio. Der Hedge kann nominal über einen prozentualen Anteil des Volumens oder nach dem Beta des Underlyings erfolgen.

Die Kosten dieser Hedges sind zunächst nur Transaktionskosten. Bei weiter steigenden Kursen könnten entgangene Gewinne als Kosten betrachtet werden. Hier bleibt anzumerken, daß dann auch bei einem Verkauf am Kassamarkt fiktive Kosten bei steigenden Notierungen zu berechnen wären. Die Problematik der Gewinn- und Verlustrechnung aus Termingeschäften wird hier bereits angedeutet.

Echte Performancedifferenzen zwischen dem Verkauf der Aktien und dem Verkauf von Futures werden zugunsten der Futures-Strategie durch geringere Transaktionskosten entstehen. Ferner sollte durch eine unveränderte Asset Allocation, die zum Beispiel Aktien mit hohen Alphas enthält, die Futures-Strategie von Vorteil sein, da das Alpha des Portefeuilles erhalten bleibt. Weitere Chancen und damit auch Risiken liegen in Veränderungen der Korrelation zwischen Portfolio und Index.

4.1.2.2 Hegde mit Swaps

Die Risikoprofile von Swaps und Futures sind identisch. Damit gelten die Ausführungen zu den Hedges mit Futures auch für Swaps. Da Swaps OTC-Instrumente sind, wird immer das Kreditrisiko als zusätzliche Komponente auftreten. Eine Kostenreduktion der Hedges kann sich bei ausreichender Bonität daraus ergeben, daß keine Marginzahlungen erforderlich sind.

4.1.2.3 Alpha-Effekt

Für Aktienportfolios gilt, daß Absicherungen über Futures und Swaps zusätzlich aufgrund des Alpha-Effekts sinnvoller sind als der Verkauf einzelner Aktien. Der Verkauf einzelner Aktien zur zeitweisen Reduzierung des Investitionsgrades verändert die Portfoliostruktur. Besitzt ein Portfolio ein positives Alpha gegenüber dem Gesamtmarkt, wird bei einer Reduzierung über den Verkauf von Futures dieses Alpha erhalten.

Hierzu ein *Beispiel*:

Ein Portfolio aus deutschen Aktien weist ein Alpha von 0,6 Prozent gegenüber DAX auf. Ein Verkauf von 20 Prozent der Aktien zu gleichen Teilen reduziert das Alpha um 0,6 Prozent x 0,2 = 0,12 Prozent. Beim Verkauf von Futures bleibt das Alpha im vollen Maße erhalten. Dies bedeutet eine risikolose Mehrperformance von 0,12 Prozent beim Einsatz von Futures und konstantem Alpha.

4.1.2.4 Hedge mit Short-Calls

Die Absicherung einzelner Aktien und ganzer Portfolios kann durch den Verkauf von Calls „deep-in-the-money“ erfolgen. Da bis auf wenige Ausnahmen (z. B. „LEPOS“ in der Schweiz mit Basispreis 1 sfrs) entsprechend tiefe Basispreise an den Börsen nicht immer vorhanden sind, ist ein Hedge oftmals nur für einen Kursrückgang von 10 bis 15 Prozent möglich. Fällt der Aktienkurs unter den Basispreis des Calls, ist der Investor zunächst nicht mehr gesichert. Deshalb sollten Deep-in-the-money-Basispreise gewählt werden. An einer Aufwärtsbewegung der Aktien nimmt der Anleger nicht mehr teil.

Der Investor erhält beim Verkauf der Calls eine Zeitprämie, die sich zu seinen Gunsten während der Laufzeit des Hedges reduziert. Diese gleicht den Zinsvorteil aus, der beim Verkauf des Underlying entstehen würde. Vorteile gegenüber dem Aktienverkauf liegen somit lediglich in den um etwa zwei Drittel geringeren Transaktionskosten aufgrund des niedrigeren ausmachenden Betrages.

Bei kurzlaufenden amerikanischen Calls besteht zudem die Gefahr einer Ausübung der Calls und somit des Verlustes der Aktienposition. Dies kann erwünscht sein, stellt aber in der Praxis oft eine ungewollte Veränderung des Portfolios dar.

4.1.3 Absicherungen unter Erhalt des Kurspotentials

Diese Absicherungen werden durch asymmetrische Risikoprofile von Sicherungsinstrumenten ermöglicht. Sie basieren größtenteils auf Optionsstrategien. Eine Ausnahme bildet die Portfolio Insurance durch eine Dynamic Asset Allocation, die versucht, Put Optionen zu replizieren.

4.1.3.1 Portfolio Insurance

Bei der Portfolio Insurance werden keine Optionen eingesetzt, sondern es wird versucht, durch konstante Anpassung des Investitionsgrades an ein theoretisches Put-Delta das Verlustrisiko zu minimieren. Die Anpassungen des Investitionsgrades können durch den Verkauf und Kauf von Assets oder Futures erfolgen. Portfolio Insurance ist zwar eine Absicherungsstrategie, aber keine Versicherung in klassischem Sinne, die durch „risk pooling" erreicht wird. Da Portfolios verschiedener Anleger, die in ähnlichen Anlagen investiert sind, bei einem Kursrückgang alle gleichermaßen betroffen sind, kann „risk pooling" nicht stattfinden. Portfolio Insurance ist deshalb kein Produkt der Versicherungsbranche, sondern ein Financial-Engineering-Produkt der Portfoliotheoretiker.

Portfolio Insurance (PI) soll dem Investor ermöglichen, einen von ihm festzulegenden Minimumertrag seines Portfolio mit Sicherheit zu erzielen, wobei das uneingeschränkte Potential erhalten bleiben soll, an Kursgewinnen zu partizipieren. Der Minimumertrag liegt dabei in der Praxis in der Regel bei 0 Prozent, kann jedoch niemals den Ertrag der höchstrentierlichen risikofreien Anlage übersteigen. Da PI das Potential steigender Kurse beibehalten will, lediglich um Versicherungskosten vermindert, unterscheidet sie sich von obigen, sogenannten fixen Hedgingstrategien. Leland und Rubinstein, auf deren Gedankengut die PI basiert, versuchten als erste, Europäische Puts mit beliebigen „Basispreisen“ durch Kombination von Kassainstrumenten synthetisch herzustellen. Die Aufteilung der Anlagemittel auf risikoreiche und risikoarme Kassainstrumente, die sogenannte Asset Allocation, muß dabei permanent an Marktveränderungen angepaßt werden. Aufgrund der dynamischen Anpassungen werden solche Anlagestrategien Dynamic Asset Allocation genannt.

Die synthetische Nachbildung von Optionen oder Duplikation beruht auf den Modellen zur Optionspreisbestimmung, insbesondere auf dem Binomial-Modell. Eine Duplikation muß dieselben Elemente wie ein Put aufweisen. Dazu muß der „Wert“ der Duplikation bei fallenden Kursen zunehmen. Um an fallenden Kursen zu profitieren, müssen im Kassageschäft Aktien leer verkauft werden. Diese Grundidee kann insoweit modifiziert werden, daß auch durch den Verkauf von Aktienbeständen an fallenden Kursen profitiert wird, nämlich indem ein geringerer Verlust eintritt. Bei einem synthetischen Put werden also immer Aktien verkauft, die Erlöse hieraus sind in risikolose Anlagen zu investieren. Allgemein gilt, daß der absolute und der prozentuale Ertrag der synthetischen Strategie den Erträgen eines Puts entsprechen müssen. Der absolute Ertrag entspricht der Kursänderung des Puts. Diese kann durch den Delta-Faktor in Abhängigkeit von der Aktie gezeigt werden. Die Anzahl zu verkaufender Aktien kann ceteris paribus über das Delta ermittelt werden. Hier zeigt sich, weshalb die synthetische Option eine dynamische Strategie ist.

Mit Aktienkursänderungen ändert sich das Delta und es müssen entsprechend mehr Aktien verkauft oder zurückgekauft werden. Bei fallenden Aktienkursen steigt das Delta eines Puts und es müssen mehr Aktien verkauft werden. Umgekehrt bei steigenden Aktienkursen. Insofern ist diese Art der PI eine prozyklische Strategie. Eine auf diese Weise durchgeführte Portfolio Insurance bedeutet einen Eingriff in die Asset Allocation des Investors. Langjährige Engagements müssen eventuell aufgelöst werden, um eine Absicherung zum Beispiel für sechs bis zwölf Monate zu erreichen. Der Verkauf von Aktien wird daher in der Praxis durch einen dynamischen Futures-Hedge ersetzt.

Bei Portfolio Insurance mit Aktienindex-Futures werden anstatt der Aktien die Futures „short" verkauft. Es bestehen zwei getrennte Positionen und der Aktienbestand wird nicht verändert. Bei einem Rückgang der Kurse am Kassamarkt müssen gemäß obigen Ausführungen auch die Futures-Kurse fallen. Bei einer Glattstellung können die Futures dann zu niedrigeren Kursen zurückgekauft werden, oder es wird am Verfalltag die Differenz zwischen Verkaufskurs und letztem Kurs gutgeschrieben. Der Verlust in der Kassaposition wird bei diesem Dynamic Portfolio Hedging durch einen Gewinn in der Futures-Position im Rahmen des vorgegebenen Minimumertrages egalisiert. Die Anzahl der zu verkaufenden Futures hängt ab von dem Kontraktwert im Vergleich zur Aktienposition, dem Beta-Faktor des Portefeuilles und dann von dem Delta des theoretischen Puts.

Bei Portfolio Insurance durch Dynamic Hedging trifft der Investor auf diejenigen Schwierigkeiten, die auch eine Investmentbank als Anbieter von Optionsabsicherungen beschäftigen.

Wie bei jedem dynamischen Hedgevorgang ist, wenn systematische Anpassungen an das Delta erfolgen, eine konstante Volatilität wesentlich. Steigt die Volatilität während der Laufzeit des Delta-Hedges oder finden Kurssprünge, sogenannte Gaps, statt, verliert ein Delta-Hedge immer gegenüber den Kosten der Option. Dann wäre der Kauf einer Option sinnvoller und günstiger. In der Praxis sind Volatilitäten nicht konstant, wodurch ein Delta-Hedge für einen einzelnen Investor kaum zu leisten ist. In den Handelsbüchern der Investmentbanken wird die Problematik durch eine Vielzahl von Positionen, deren Deltas und Gammas sich teilweise aufheben, vermindert. Zudem gehen die Market-Maker der Banken Abweichungsrisiken vom Delta entsprechend ihrer Markteinschätzung ein. Entschließt sich ein Investor zu letzterem, kann seine Hedging-Strategie durchaus günstiger als zum Beispiel der Erwerb eines Puts sein. Fraglich ist, inwiefern dann von Hedging gesprochen werden kann.

Die zusätzlichen Problematiken bei „roll-over" fälliger Futureskontrakte in die Kontrakte der nächstfälligen Laufzeiten lassen eine PI für Investoren nur dann sinnvoll erscheinen, wenn gesetzliche oder ökonomische Beschränkungen eine andere Absicherungsart nicht erlauben. Die nachfolgenden Hedgetechniken ermöglichen dagegen eine exakte Berechnung der Hedge-Kosten und damit eine genauere Risikosteuerung.

4.1.3.2 Protective-Puts

Mit dem Kauf eines Puts auf ein Asset beziehungsweise auf ein Gesamtportfolio läßt sich das aktuelle Kursniveau sichern, wobei von Kurssteigerungen weiterhin profitiert wird.

Die Put-Prämie und die Transaktionskosten stellen den Preis der Absicherung dar. Der Protective-Put verändert die Wahrscheinlichkeitsverteilung des Portfolios wie abgebildet. Diese ist nicht mehr symmetrisch, wobei im Beispiel die Wahrscheinlichkeit eines Returns zwischen 10 und 70 Prozent nicht wesentlich von der des ungesicherten Portfolios variiert. Die Wahrscheinlichkeit eines nur leicht über dem Minimumertrag liegenden Returns ist bei der Strategie aufgrund der aufzuwendenden Put-Prämie deutlich höher. Mit kleinerem Minimumertrag wird die Verteilung zunehmend symmetrischer.

Die Standardabweichung des Portfolios sinkt erwartungsgemäß, aber auch die Mittelwerte der Verteilung, zum Beispiel der Median. Die Verteilung ist ferner nicht mehr symmetrisch, wobei mit abnehmendem Minimumertrag eine zunehmende Symmetrie festzustellen ist, wie auch eine Annäherung der Mittelwerte an die des unversicherten Portefeuilles. Das Beta des Portefeuilles wird sich mit der Wahrscheinlichkeitsverteilung ebenfalls ändern. Bei einem Indexportfolio mit einem Beta von 1 reduziert die vollständige Absicherung den Beta-Faktor auf 0,75.

Da ein Portfolio aus Optionen sich von einer Option auf ein Portfolio grundlegend unterscheidet, sind Indexoptionen oder OTC-Optionen ein wirksameres Instrument der PI: als ein Portfolio aus Optionen. Voraussetzung ist, daß das Portfolio denselben Preisschwankungen wie der Index unterliegt, also ein Beta von „eins" hat. Dann kann durch Kauf eines Indexputs das Risiko nach unten begrenzt werden, während das Potential nach oben erhalten bleibt. Weicht der Beta-Faktor eines Aktien-Portfolios deutlich von „eins" ab, ist eine Protective-Put-Strategie eher mit einem Portfolio aus Puts auf die jeweiligen Aktien durchführbar. Generell könnten auch dann Indexputs Anwendung finden, indem die Anzahl der Puts an den Beta-Faktor des Portefeuilles angepaßt wird. Bei einem Beta von 0,5 wären dabei nur halb so viele Optionen notwendig wie bei einem Index-Portfolio. Da die Faktoren bei der Implementierung einer Protective-Put-Strategie mit Aktienindexoptionen denen einer Absicherung mit

Aktienoptionen gleichen, werden folgende Ausführungen sich nur auf Aktienputs beziehen.

Bei einer Protective-Put-Strategie muß zunächst festgelegt werden, welcher Basispreis der Option gewählt werden soll. Dies hängt davon ab, welchen Mindestertrag der Investor wünscht. Wird eine Absicherung des aktuellen Niveaus gewünscht, kommen Out-of-the-money-Optionen nicht in Frage. Da der Kauf eines Puts einen Prämienaufwand erfordert, also eine „Debit Strategie“ ist und eine Absicherung möglichst wenig Kapital binden sollte, ist eine Option „at-the-money“ sinnvoller als eine In-the-money-Option. Andererseits sind bei börsengehandelten Optionen die Basispreise standardisiert, so daß eine At-the-money-Option nicht immer verfügbar ist. Dann muß auf eine In-the-money-Option zurückgegriffen werden, oder eine OTC-Option gehandelt werden.

Die zu wählende Laufzeit des Puts ist nicht unumstritten. Während meist die Absicherungsdauer als optimale Optionslaufzeit angesehen wird, verwenden einige Anleger mehrere kürzer laufende Puts. Black und Scholes zeigen, daß der Preis für einen langlaufenden Put der Summe der Preise kürzerer Puts mit denselben Basispreisen entsprechen muß. Der Diskussionsgrund ist deshalb ein anderer: Kurzlaufende Optionen haben den Vorteil, daß der neu zu erwerbende Put einen anderen Basispreis haben kann. Wird ein Portfolio mit dem Wert 100 Einheiten mit einem 100er-Put mit Laufzeit sechs Monate abgesichert, sind 100 Einheiten minus Putprämie der minimale Endwert des Portfolios. Wird das Portefeuille über drei Monate mit einem 100er-Put abgesichert und ist es am Ende der drei Monate auf 120 gestiegen, kann ein weiterer Put über drei Monate mit Basis 120 gekauft werden. Somit ist ein höheres Niveau abgesichert, was allerdings auch eine höhere Optionsprämie erfordern wird als der Kauf eines weiteren 100er-Puts.

Ebenso ist die Kursentwicklung beim Put nur in einem bestimmten Maße, nämlich in Höhe des Deltas, antiproportional zum Aktienkurs. Soll der Put-Hedge nicht nur eine Absicherung zum Laufzeitende garantieren, sondern jederzeit während der Laufzeit, muß eine deltaneutrale Position angestrebt werden. Dies wird in der Praxis nur für die wenigsten Investoren relevant sein, würde aber bei Relevanz auf folgende Weise durchgeführt:

Eine Long-Position im Underlying hat per Definition ein Delta von + 1. Ein Put hat aufgrund seiner antiproportionalen Kursentwicklung ein negatives Delta, maximal ein Delta von 0. Errechnet sich für eine Option ein Delta von minus 0,5 sind zwei Puts notwendig, um eine deltaneutrale Position zu erreichen. Da das Optionsdelta nur für einen infinitesimalen Bereich konstant ist, ist eine Absicherung nur bei kleinen Kursschwankungen effektiv. Eine laufende Überwachung der Entwicklung des Deltas, zum Beispiel anhand des Gammas, ist unverzichtbar.

4.1.3.3 Collar

Ein Collar besteht aus einem Long-Put und einem Short-Call. Der Put ist identisch dem Protective-Put und es gilt das im vorherigen Abschnitt erwähnte. Zur Finanzierung des Puts werden zusätzlich Calls „short" verkauft. Kann die Put-Prämie voll durch den Call-Verkauf finanziert werden, spricht man von einem Zero-Cost-Collar. Zero-Cost-Collars werden oft auch als Zero-Cost-Hedges oder Self-Financing-Hedges bezeichnet. Beim echten Collar sind die Expiry Dates beider Optionen identisch. In der Praxis werden jedoch oft Calls mit längerer Laufzeit als die der Puts gewählt. Dann kann der Strike der Calls weiter „out-of-the-money" gewählt werden. Die Strategie wird damit zu einer Kombination aus Covered-Call-Write und Zero-Cost-Hedge. Die Attraktivität des Collars ist die zunächst prämienneutrale Absicherung. Eine Absicherung ist schließlich um so interessanter, je stärker sie sich selbst finanziert. Dennoch ist die Absicherung nicht kostenfrei. Kosten der Absicherung sind entgangene Gewinne, also Opportunitätskosten, bei Kursanstiegen über den Basispreis der Calls. Mit Collar-Hedges lassen sich verschiedene Risiko-Ertrags-Strukturen schaffen, wie in nachfolgender Simulation historisch analysiert.

Analysiert man die jährlichen Returns des DAX-Index über einen Zeitraum der letzten zehn Jahre, ergeben sich ähnliche Ergebnisse, wie in der Analyse des letzten Jahrzehnts. Die achtziger Jahre stellen insofern einen interessanten Beobachtungszeitraum dar, als sowohl extrem positive Jahresergebnisse wie 1983 (+ 40,01 Prozent) und 1985 (+ 66,43 Prozent) als auch extrem negative Jahresveränderungen wie 1987 (– 30,18 Prozent) in der Periode enthalten sind. Die

Auswirkungen von Collars und Protective-Put-Hedges über das letzte Jahrzehnt zeigt folgende Tabelle:

1980 – 1990	DAX Portfolio	DAX mit ATM-Put	DAX mit Collar ATM-Put/ 9 % OTM-Call
Gesamtreturn bei Reinvestition	315 %	319 %	190 %
Volatilität p. a.	25,30 %	16,80 %	4,4 %
Durchschnittsreturn p. a.	11,40 %	11,80 %	6,0 %

Interessant ist hier besonders die Tatsache, daß durch ständige Hedges mit Protective-Puts ein leicht besseres Ergebnis als ohne Hedge erzielt und die Volatilität des Portfolios reduziert werden konnte. Ruhiger Schlaf für den Investoren hat in den achtziger Jahren keinen Renditenachteil gekostet! Kapitalmarkttheoretisch kann dieses Verhältnis aber nicht auf Dauer existieren und die Strategie sollte deshalb nicht bedenkenlos übernommen werden.

4.1.3.4 Structured Product Hedges

Structured Products oder Strukturierte Produkte werden auf die Bedürfnisse einzelner Investoren maßgeschneidert. Sie sind deshalb in ihrer Vielfältigkeit kaum begrenzt und auch in keinem noch so umfassenden Werk darlegbar. Exemplarisch für eine Absicherung mit einem Structured Product soll ein Interest-Rate-Linked-Equity-Hedge dargestellt werden. Dabei ist die Absicherung eines Aktienportfolios von Entwicklungen am Anleihemarkt abhängig gemacht.

Ausgangsüberlegung des Investors ist, daß steigende Zinsen langfristiger Anleihen auf kurz oder lang auch steigende kurzfristige Zinssätze bedeuten. Der Investor hat zudem beobachtet, daß der Aktienmarkt in dem er investiert ist, auf Veränderungen langfristiger Zinsen nur verzögert reagiert und die Kursentwicklung sich primär am Geldmarktzins orientiert. Das Portfolio soll gegen Kursverluste geschützt werden. Da Kursverluste nur bei steigenden Zinsen erwartet werden, benötigt der Investor keine Absicherung bei nicht steigenden Zinsen. Diese Bedingung, die aus der exakten Formulierung der Markteinschätzung hervorgeht, kann die Absicherung vergünstigen. Der Investor erwirbt einen Equity-Put, der zunächst nicht existiert, aber bei steigenden Zinssätzen anfängt zu existieren. Da auf steigende kurzfristige Zinsen der Aktienmarkt sofort reagiert, so daß ein Hedge dann möglicherweise zu spät einsetzt, wird der Knock-In des Equity-Puts an die langfristige Zinsentwicklung gekoppelt. Dann wird ein Zinsniveau definiert, ab dem die Equity-Option anfängt zu existieren. Der zinsabhängige Put wird dem Investor eine günstigere Absicherung als ein einfacher Put bieten.

4.1.3.5 Benchmark-Hedging

Die Absicherung eines Portfolios, das an einer anderen Benchmark als einer absoluten Performance gemessen wird, ist komplex und wird erst durch exotische Optionen ermöglicht. Der Einsatz dieser Hedge-Technik ist bislang noch wenig verbreitet. Betrachten wir zunächst die Auswirkungen der zuvor gezeigten Hedges des absoluten Verlustrisikos auf ein Portfolio, dessen Erfolg zum Beispiel an einem Aktienindex gemessen wird.

Der Verkauf von Futures, der Verkauf von Indexreturns über Swaps oder der Verkauf von „deep-in-the-money“ Short-Calls wirken auf das Portfolio wie eine Kassaposition. Bei fallendem Index fällt der Wert des Portfolios, ein Beta von „eins“ und ein Alpha von „null“ unterstellt, weniger stark. Dann wird die Benchmark outperformed. Bei steigendem Index jedoch gilt das umgekehrte. Damit schützen diese Hegdes zwar vor absoluten Kursverlusten, erhöhen jedoch auch das Abweichungsrisiko des Portfolios von der Benchmark. Die Erhöhung des Abweichungsrisikos ist natürlich äquivalent zur Erhöhung der Abweichungschance bei fallendem Index. Aufgabe des verantwortlichen Managers ist jedoch in erster Linie, Risiken zu begrenzen, nicht Chancen zu maximieren.

Die Hegdes ohne Erhalt des Kurssteigerungspotentials erhöhen das relative Risiko und dies gilt auch für die Hedges des absoluten Risikos, bei denen das Kurspotential erhalten bleibt. Bei letzteren ist die Problematik in einem benchmarkorientierten Portfolio zwar geringer, denn bei steigendem Index steigt auch das Portfolio. Ein Indexportfolio wird aber bei steigendem Index um die Hedge-Kosten, wie zum Beispiel Put-Prämien, underperformen. Wiederum wird bei fallendem Index eine Outperformance durch die Hedges erzielt. Zusammenfassend bleibt zu sagen, daß alle Absicherungen eines absoluten Risikos das Abweichungsrisiko von Benchmark-Portfolios erhöhen.

Wie kann also eine Absicherung eines relativen Abweichungsrisikos umgesetzt werden? Zur Lösung der Problematik soll das relative Risiko noch einmal kurz definiert werden. Führt man sich den Portfoliomanagement-Prozeß des Portfolios vor Augen, dann entsteht das Abweichungsrisiko durch jede Portfoliozusammensetzung, die nicht identisch mit der Benchmark ist. Jede Einzelwertselektion, die zu einer von der Benchmark abweichenden Gewichtung des Einzelwerts im Portfolio führt, erhöht das Abweichungsrisiko. Dies gilt ebenso für jede Kassaposition, sollten risikolose Kurzfristanlagen nicht in der Benchmark enthalten sein. Eine theoretische Ausnahme würde eine Kombination von Einzelwerten bilden, die zwar unterschiedlich von der Gewichtung in der Benchmark sind, aber die in der Portfoliokombination sich exakt wie die Benchmark verhalten. Sollten auch historisch solche Portfolios, die identische Alphas und ein Beta zur Benchmark von „eins“ aufweisen müssen, erstellbar sein, so sind dennoch die Korrelationen der Einzelwerte und damit das Beta des Gesamtportfolios nicht konstant. Es erhöht also in der Praxis jede Abweichung von der Zusammensetzung der Benchmark das Abweichungsrisiko.

Zur beispielhaften Darstellung einer Absicherung gehen wir von einem Aktien-Portfolio aus, das an einer Aktienindexperformance gemessen wird, und das bis auf eine Aktie genauso zusammengesetzt ist, wie der Index. Die Aktie sei im Index nicht enthalten und mache 5 Prozent des Portfolios aus. Das Portfolio ist somit zu 95 Prozent ein Indexportfolio. Die Aktie wurde anstatt des Indexportfolio erworben, da der Manager eine Outperformance der Aktie über den Index erwartet. Genau diese Erwartung deutet auch schon an, wie das damit kreierte Abweichungsrisiko gesichert werden kann, nämlich durch Outperformance-Optionen. Der Investor profitiert, wenn die Aktie sich relativ besser entwickelt als der Index. Sein Risiko ist die Underperformance der Aktie. Fällt die Aktie um 10 Prozent während der Index unverändert bleibt, fällt sein Gesamtportfolio um 0,5 Prozent gegenüber einem unveränderten Index. Das Portfolio hat 0,5 Prozent underperformed beziehungsweise der Index hat 0,5 Prozent outperformed. Das Risiko des Investors, das heißt seine Underperformance beziehungsweise die Outperformance des Index, kann er durch den Kauf eines Outperformance-Calls hedgen. Er erwirbt einen Call auf die Outperformance des Index gegenüber der Aktie, der zum Kaufpreis „at-the-money" ist. Outperformed der Index die Aktie dann underperformed zwar sein Aktienportfolio insgesamt, dies wird aber durch die Optionen wieder ausgeglichen. Outperformed das Aktienportfolio den Index, dann verfällt sein Outperformance-Call wertlos. Damit entspricht der Outperformance-Call im Beispiel einem Protective-Put. Das relative Risiko wird abgesichert, wofür eine Prämie eingesetzt werden muß. Diese Versicherungsprämie ist im Nachhinein dann unnötig, wenn die Erwartung des Managers eintritt, bietet aber Schutz vor zu großen Abweichungen, wenn seine Einschätzung nicht zutrifft. Gegenüber einem zu 100 Prozent im Index investierten Portfolio wird das obige 95 Prozent/5 Prozent Portfolio mit Outperformance-Call auf den Index immer noch leicht underperformen, wenn die Erwartung des Investors nicht eintritt und zwar genau in der Höhe der Call-Prämie. Dafür erhält sich der Investor aber die Chance der Outperformance, falls seine Erwartung eintritt. Auch die Begrenzung relativen Risikos hat dann einen Preis, wenn Chancen erhalten werden sollen.

Sollen Chancen kurzfristig nicht erhalten werden, aber die Portfoliozusammensetzung nicht geändert werden, da langfristige Outperformancechancen beibehalten werden sollen, kann ein kurzfristiger Hedge mit linearem Risikoprofil angewandt werden. Während, um das absolute Risiko zu hedgen, Futures verkauft werden, kann das relative Risiko mit Swaps gehedged werden. Diese eliminieren aber für den gewählten Zeitraum auch die Chancen der Outperformance. Ein solcher linearer Hedge für das *Beispielportfolio* würde wie folgt aussehen:

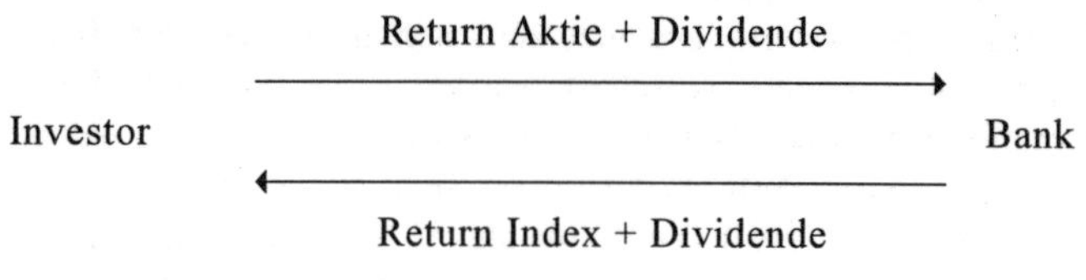

Es kann also ein Hedge des linearen Risikos durch einen Swap von Aktie gegen Index dargestellt werden. Ein Swap wie auch die Outperformance-Option sind OTC-Geschäfte, die das Counterparty-Risk oder Kreditrisiko der beiden Parteien beinhalten. Mit dem Hedge von Kreditrisiken beschäftigt sich der nächste Abschnitt.

4.1.4 Credit Derivates

Credit Derivates sind in der Praxis bisher wenig angewandt und beziehen sich ausschließlich auf Einzeltransaktionen. Von einem Markt für Kreditderivate ist die Weltfinanz Anfang 1996 wenigstens noch zwei bis drei Jahre entfernt. Dies hängt mit verschiedenen Faktoren zusammen.

Zum einen ist der Anteil der weltweiten direkten Ausleihungen von Banken an Unternehmen rückläufig, da die Unternehmen sich zunehmend mehr über Commercial Paper, Medium Term-Note-Programme und Anleiheemissionen finanzieren. Diese Securitization führt bereits zu einer Verlagerung des Kreditrisikos von einer Bank auf mehrere Investoren und Banken. Zum anderen sind diejenigen Banken, die Vorreiter des Derivategeschäfts gewesen sind, bis auf wenige Ausnahmen im Kreditgeschäft nicht sehr aktiv. Die mangelnde Erfahrung im Underlying, zum Beispiel bei den US-Häusern aufgrund des Trennbanksystems und eine oft fehlende Kapitalbasis für das Geschäft führen dazu, daß diese Institute kein großes Interesse an der Entwicklung von Kreditderivaten hatten. Hierin liegt eine Chance kapitalkräftiger Banken mit attraktiven Ratings und Erfahrung im Commerical Banking.

Credit Derivates sind von Kreditgarantien, wie sie auch von Spezialinstituten und Versicherungsgesellschaften angeboten werden, nur wenig entfernt. Am Londoner Finanzplatz umgesetzte Transaktionen von Credit-Puts beinhalten den Kauf von Credit-Puts durch Banken, deren interne Kreditlinien ausgelastet sind. Um diese Kreditlinien zu erweitern, wird eine Option erworben, bei der der Verkäufer garantiert, bei Zahlungsunfähigkeit eines Anleiheemittenten den Nominalbetrag zu erstatten. Ein konkretes Beispiel sind Anleihen des italienischen Staates, deren Besitz für Ausländer aufgrund steuerlicher Überlegungen zeitweise sehr attraktiv war. Das Kreditrisiko, das einem Staat zugemessen wird, ist zwar vergleichsweise gering, dennoch muß ein gewisses Ausfallrisiko kalkuliert werden. Sind diese internen Kreditlinien ausgelastet und wäre der Kauf von Anleihen für die Bank dennoch interessant, kann der weitere Anleihekauf dann realisiert werden, wenn es gelingt, das Kreditrisiko zu transferieren. Ist ein befreundetes Institut, das ansehnlich gerated ist, bereit, dieses Risiko zu übernehmen, wird ein Vertrag eingegangen, in dem der Verkäufer garantiert, bei Zahlungsunfähigkeit des italienischen Staates den Nominalbetrag der Anleihen sofort an den Käufer zu erstatten. Im Gegenzug erhält der Put-Verkäufer die Forderung an den italienischen Staat, also die Anleihen. Aufgrund des geringen Ausfallrisikos wird ein Put-Verkäufer etwa 20 bis 30 Basispunkte des ausmachenden Betrages, also 0,20 Prozent bis 0,30 Prozent p. a., als Put-Prämie erhalten.

4.2 Asset Allocation mit Derivaten

Asset Allocation mit Derivaten wird inzwischen in einer Vielzahl von Portfolios umgesetzt. Die Asset Allocation Entscheidungen eines globalen Gemischten Portfolios, das sowohl in Aktien als auch Zinsanlagen investiert sein kann, sind umfangreicher Natur und hier nicht explizit darstellbar. Als gesichert angenommen werden kann aber, daß die große Mehrzahl dieser Portfolios mit einem Top-Down-Approach gemanaged werden. Beim Top-Down-Approach werden die wichtigsten Entscheidungen über die Investition von „oben" nach „unten" getroffen. In einem globalen Gemischten Portfolio bedeutet dies, es wird

1. eine Entscheidung über die Aufteilung Aktien/Renten/Kasse, also die Asset-Klassen,
2. eine Entscheidung über die Länderallokation innerhalb der Asset-Klassen,
3. eine Einzelentscheidung

getroffen. Der Bottom-Up-Approach, der oft zum Beispiel bei Aktienfonds, die ausschließlich in Aktien eines Landes investieren, gewählt wird, setzt die Einzelwertselektion an oberste Stelle.

Derivate werden zu Asset-Allocation-Zwecken stärker in Portfolios eingesetzt, die mit Top-Down-Approach gemanaged werden. Sie dienen dann insbesondere der Länderallokation und der Taktischen Asset

Allocation, die kurzfristiger orientiert ist, als die Strategische Asset Allocation. Neben den in der Regel geringen Transaktionskosten und der schnellen Umsetzung besteht insbesondere die „Garantie“, auch tatsächlich die Ländergewichtungen zu steuern. Das Problem der Selektion von Einzelwerten, die in ihrer Kombination eine Ländergewichtung abbilden sollen, besteht hier nicht. Zudem werden die Alphas der Portfolios weniger stark beeinflußt und Portfoliostrukturen (z. B. Korrelation einzelner Assets) bleiben erhalten.

Da die taktischen Entscheidungen kurzfristig orientiert sind, und daher eine Änderung von Über- und Untergewichtungen häufiger auftritt, werden Derivate unter Kostenaspekten bevorzugt berücksichtigt. Zudem ist in Portfolios, die einen in absoluten Beträgen kleinen Anteil in einzelnen Ländern investieren, das Abbilden einzelner Länder nicht unproblematisch. In diesen Portfolios werden auch strategische Investitionen, zum Beispiel durch Futureskäufe, vorgenommen.

4.2.1 Chancen durch Mispricing

Bei getroffenen Entscheidungen über Veränderungen des Investitionsgrades können durch systematischen Vergleich von Future und Kassamarkt risikolose Zusatzrenditen erzielt werden. Da am Verfalltag der Futures die Settlementpreise per Definition den Kassamarktkursen entsprechen, sichert zum Beispiel der Kauf von Futures unter dem Fair Value einen Performancevorteil. Im Optionsgeschäft könnte echtes Mispricing nur bei Deep-in-the-money-Optionen auftreten. Optionen können lediglich anhand ihrer implizierten Volatilitäten beurteilt werden. Hier kann eine Orientierung am historischen Durchschnitt Aufschluß über das Volatilitätsniveau geben. Da aber letztlich nicht bewiesen werden konnte, daß die Optionsvolatilität sich an diese Durchschnitte immer wieder annähert („mean-reverting“), ist der Fair Price einer Option nicht zu ermitteln.

4.2.2 Investment in Indexprodukten

Für Institutionelle wie auch für Privatanleger bieten sich über Derivate eine Vielzahl von Produkten, die ein Investment substituieren. Während Optionsscheine und börsengehandelte Optionen eher spekulativ und kurzfristig orientierten Anlegern dienen, nutzen zunehmend auch konservative Anleger Derivate zum Investment. Dabei spielen Exotische Optionen, die mit Zerobonds gekoppelt werden, eine immer größere Rolle. Hier seien Convex-Calls, Up-and-Out-Calls und auch Down-and-Out-Calls noch einmal hervorgehoben. Zunehmend berücksichtigt werden auch indizierte Substitute von Direktanlagen wie Partizipationsscheine und Indexfonds. Letztere werden initiiert durch das Capital Asset Pricing Model, das einem Marktportfolio eine optimale Risiko/Return-Relation zubilligt.

Theoretisch ist zu unterscheiden zwischen dem „Closetindexing“ aufgrund sehr breiter Diversifizierung und fehlender Kassesteuerung, also unbewußter Quasi-Indexierung und echtem Indexing.

Die verschiedenen Formen von Indexfonds sind die

1. Full Replication: Strenge Nachbildung der Indices,
2. Partial Replication: Nachbildung der Indices mit optimierten Portfolio, geringe Aktienzahl,
3. Synthetic Index Funds: Nachbildung über Derivate.

Die Wahrscheinlichkeit eines höheren Tracking Error steigt von Full Replication über Synthetic Index Fonds bis zur Partial Replication. Bei synthetischen Fonds werden die liquiden Mittel zum großen Teil am Geldmarkt angelegt und können als Sicherheit (Margin) für Swaps oder Futures hinterlegt werden. In einem globalen Indexportfolio ist aufgrund der Marginanforderungen einiger Terminbörsen ein Teil der Mittel als Cash-Position zu halten. Dennoch ist das Währungsrisiko eines synthetischen Fonds deutlich geringer als bei Aktienfonds.

Der Einsatz von Futures ist trotz der notwendigen Roll-over-Transaktionen in der Regel günstiger als Kassamarkttransaktionen aufgrund der geringeren Provisionen, geringerem Market Impact und geringerer Problematik bei der steuerlichen Behandlung von Dividenden.

Einer der wesentlichen Vorteile ist das einfache Management der Fonds. So müssen bei Indexveränderungen keine Anpassungen erfolgen, Portfolios müssen nicht überwacht und optimiert werden wie bei der Partial Replication und Dividenden müssen nicht reinvestiert werden. Zudem können kleine Cash-flows leichter gesteuert werden.

Probleme liegen im möglichen Mispricing der Derivate insbesondere bei Roll-over-Transaktionen und möglichen Zinsverlusten aufgrund von Marginanforderungen. Indexfonds nutzen Derivate jedoch auch aktiv. Diese sogenannten Value-Added-Indexfonds werden auch als Tilted Fonds bezeichnet.

Tilted Fonds weisen einen Tilt auf, sind also gegenüber einem bestimmten Faktor sensitiver sind als der Index (z. B. höhere Dividendenrendite). Tilted Funds sind also keine rein passiven Fonds mehr.

Zusätzlich sind bei Indexfonds Maßnahmen zur Renditeverbesserung üblich, die als weitgehend risikolos empfunden werden wie die Indexarbitrage, die Wertpapiere und statische Optionsprogramme.

4.3 Ausblick

Derivate sind in der ersten Hälfte der neunziger Jahre in das Rampenlicht der Finanzwelt gerückt worden. Dabei wurden die größten Schlagzeilen den vermeintlich negativen Eigenschaften der Derivate gewidmet. Veröffentlichte Verluste durch den Einsatz von Derivaten bis zur Zahlungsunfähigkeit einiger weniger Marktteilnehmer sind sicherlich auch kein Anlaß zur Freude. Eine Beurteilung der Relevanz dieser Fälle erfordert jedoch genügend Kenntnis über die Produkte, wie sie der Leser dieses Werkes nun erworben haben sollte.

Erinnern wir uns: Die Performancemessung von Derivaten ist unmöglich, wenn sie im Rahmen von Gesamtportfolios eingesetzt werden, aber getrennt bewertet und ausgewiesen werden. Die Put-Prämie, die zur Absicherung eines Portfolios ausgegeben wurde, wird bei steigendem Underlying so plötzlich zum überflüssigen Verlust.

Nicht jede Kritik an Derivaten ist ungerechtfertigt. Vergleicht man aber einige der Verluste, die Marktteilnehmern entstanden sind, dann sind sie in Kombination mit den Portfolios oft nur entgangene Gewinne. Der Einsatz von Derivaten war dann nicht sinnvoll, denn er hat zu Opportunitätskosten geführt. Aber welcher Anleger, der Derivate nicht einsetzt und aufgrund seiner Markteinschätzung vorhandene Liquidität nicht investiert, welcher Anleger wird nach einem Kursanstieg seine Opportunitätsverluste ausweisen und das Produkt „Kassehaftung" verdammen?

Derivate sind zunehmend ins Rampenlicht auch der Aufsichtsbehörden gerückt. Berücksichtigt man, daß sie bilanzunwirksam sind, gilt die jüngste Aussage der Bank für internationalen Zahlungsausgleich (BIZ).

Anlaß zum Optimismus für das leicht lädierte Image einiger Derivate: Die BIZ hat festgestellt, daß zahlreiche Banken ihre Aktivitäten in Derivaten detailliert offenlegen. Zentralbanken, Aufsichtsbehörden der Banken und Versicherungsbranche haben zudem Richtlinien erlassen, die den Derivate-Markt nicht weniger reguliert lassen als andere Aktivitäten der Finanzinstitute. Die Londoner Aufsichtsbehörden zum Beispiel führen Prüfungen der Geschäftsabläufe und internen Richtlinien durch, durch die Derivate inzwischen zu den deutlich stärker kontrollierten Aktivitäten der Banken zählen. Der Derivatehandel ist inzwischen stärker überwacht als ein Großteil des Handels in den Underlyings. Diese Neuordnung eines Kreativen und innovativen Marktes wird dazu führen, daß immer mehr potentielle Interessenten Derivate auch nutzen. Mit diesem Verständnis beziehungsweise mit den in diesem Werk dargestellten Produkten ist der Leser hierfür bestens vorbereitet, sei er Anbieter oder Kunde.

Literaturverzeichnis

Anders, Bernd: Was bringt die DTB dem Anleger?, in: Anlagepraxis, Heft 2/90, S. 7-10.

Beilner, Thomas: Portofolio Insurance an der DTB, in: Die Bank, Heft 8/1989, S. 415-421.

Black, Fisher/Scholes, Myron: The pricing of options and corporate liabilities, in: Journal of Political Economy, Heft 3/1973, S. 637- 654.

Büschgen, Hans C.: Zinstermingeschäfte, Instrumente und Verfahren zur Risikoabsicherung an Finanzmärkten, Frankfurt 1988.

Chicago Board of Trade: Using interest rate futures in Portfolio Management, Chicago 1988.

Chicago Board Options Exchange: Understanding options – A guide to puts and calls, Chicago, o.J.

Clarke, Roger/Arnett, Robert: Pattern of reward for Portfolio Insurance, in: Portfolio Insurance – A Guide to Dynamic Hedging, hrsg. von Luskin, D., New York 1988, S. 27–46.

Coutts/Clarke: A stochastic approach to asset allocation within a general insurance company, 2nd International AFIR-Congress, Brighton 1991, Vol. 4, 95–112.

Cox, J.C., M. Rubinstein: Options Markets, Englewood Cliffs, New Jersey 1985.

Day, N. S.J. Green: Active Investment Models, in: AFIR-Colloquium 1991, Vol. 3, S. 349–370.

Dorigo, Markus: Börsenstrategien der Zukunft – Der große Ratgeber für Wertpapieranlagen, Bühl 1990.

Elton, E.J./M.L. Gruber: Modern Portfolio Theory and Investment Analysis, 4. Auflage, New York, Chichester u.a. 1991.

Evnine, Jeremy: Estimating Volatility, in: PI – A Guide to Dynamic Hedging, hrsg. von Luskin, D., New York 1988, S. 154–181.

Feldman, Lynn/Stephenson, Jack: Stay Small of Get Huge – Lessons from Securities Trading, in: Harvard Business Review, May – June 1988, S. 116–122.

Ferguson, Robert: How to beat the S & P 500, in: Portfolio Insurance – A Guide to Dynamic Heding, hrsg. von Luskin, D., New York 1988, S. 58–75.

Fielitz, Bruce/Gay, Gerald: Managing cash flow risks in stock index futures, in: The Journal of Portfolio Management, Heft 2/1986, S. 74–78.

Fitzgerald, D.: Financial Options, Euromoney Publications, London 1987.

Gould, F: Stock index futures – The arbitrage cycle and portfolio insurance: in: Financial Analysts Journal, Heft 1 1988, S. 48–62.

Granito, Michael: The Intellectual Origins of Portfolio Insurance, in: PI – A Guide to Dynamic Hedging, hrsg. von Luskin, D., New York 1988, S. 197–206.

Grannis, Scott: Applications of Dynamic Strategies, in: PI – A Guide to Dynamic Hedging, hrsg. von Luskin, D., New York 1988, S. 49–57.

Harmstone-Rakowski, Andrew, Saylor, Roger: Integrating listed stock index options, in: PI – A Guide to Dynamic Hedging, hrsg. von Luskin, D., New York 1988, S. 150–153.

Harvard Business School: A brief Introductin to Portfolio Theory, Boston 1987

dieselbe: Hoy & Company, – A working paper, Boston 1968.

Haugen, R. A.: Modern Investment Theory, 2nd edition, Englewood Cliffs, New Jersey 1990.

Hill/Jain/Wood: Insurance – Volatility risk and futures mispricing, in: The Journal of Portfolio Management, Heft 2/1988, S. 23–29.

Hockmann, Heinz: Performance-Messung von Wertpapier-Portfolios, in: Die Bank, Nr. 3/87, S. 132–137.

Hull, J.: Options, Futures and other Derivative Securities, Englewood Cliffs, New Jersey 1994.

Husemann, Peter: Computerunterstützung im Portfoliomanagement, Sankt Gallen 1988.

Ingersoll, J.E.: Theory of Financial Decision Making, New Jersey 1987.

Klein, Robert J.: How to plan now for your retirement, in: Fortune 1990 Investor's Guide, New York 1989, S. 24–33.

Kritzmann, Mark P.: Insuring the Asset/Liability Ratio, in: PI – A Guide to Dynamic Hedging, hrsg. von Luskin, D., New York 1988, S. 76–85.

Lamm-Tenant, J.: Asset/Liability Management for the Life Insurer: Situation Analysis and Strategy Formulation, Journal of Risk and Insurance 56, 1989, S. 501–517.

Leland, H./Rubinstein, M.: Replicating options with positions in stock and cash, in: PI – A Guide to Dynamic Hedging, hrsg. von Luskin, D., New York 1988, S. 294–308.

Leland, Hayne: Who should buy Portfolio Insurance?, in: The Journal of Finance Nr. 2, Mai 1980, S. 581–595.

Luskin, Donald E.: The marketplace for "Composite Assets" in: The Journal of Portfolio Management, Heft 1/1987, S. 12–19.

derselbe: An idea whose time has finally come, in: Portfolio Insurance – A Guide to Dynamic Heging, New York 1988, Preface.

derselbe: After the fall, in PI – A Guide to Dynamic Hedging, New York 1988, S. 311–315.

Mossavar-Rahmani, S.: Understanding and Evaluating Index Fund Management, in: Fabozzi, F.J. (Hrsg.): Portfolio & Investment, S. 267–283.

Rains, P.F. u.a.: Indexation and Tilted Funds, in: AFIR-Colloquium 1991, Vol. 3, S. 371–386.

Rubinstein, Mark: Alternative Paths to Portfolio Insurance, in: PI – A Guide to Dynamic Hedging, hrsg. von Luskin, D., New York 1988, S. 11–26.

Scott: Strategic asset allocation for pension funds, 2nd International AFIR-Congress, Brighton 1991, Vol. 3, 33–49.

Sharpe, W. F., G. J. Alexander: Investments, 4. Auflage, Englewood Cliffs, New Jersey 1990.

Smink, M.: Risk Measurement for Asset Liability Matching: A Simulation Approach to SPDA's, in: AFIR-Colloquium 1991, Vol. 2, S. 75–92.

Somes, Steven Paul: Structuring a Portfolio Insurance Program, in: PI – A Guide to Dynamic Hedging, hrsg. von Luskin, D., New York 1988, S. 115–137.

Uhlir, Helmut/Siévi, Friedemann: Bewertung der DTB-Optionskontrakte, in: Die Bank, Nr. 2/90, S. 84–92.

Vasicek, Oldrich: The Best-Return-Strategy, in: PI – A Guide to Dynamic Hedging, hrsg. von Luskin, D., New York 1988, S. 101–114.